Women in Design

建筑师丽娜·柏·巴蒂在圣保罗的维德罗之家（亦称玻璃房），1951

当代女性

先锋

设计师

[英] 利比·塞勒斯 (Libby Sellers)——编著   黄琪——译

广西师范大学出版社

· 桂林 ·

著作权合同登记号桂图登字：20−2019−192 号

图书在版编目（CIP）数据

当代女性先锋设计师 ／（英）利比·塞勒斯 (Libby Sellers)
编著 ；黄琪译 .—桂林：广西师范大学出版社，2021.4
书名原文：Women in Design
ISBN 978−7−5598−3282−5

Ⅰ．①当… Ⅱ．①利… ②黄… Ⅲ．①女性−设计师−生平事
迹−世界−现代 Ⅳ．① K815.72

中国版本图书馆 CIP 数据核字 (2020) 第 193128 号

当代女性先锋设计师
DANGDAI NUXING XIANFENG SHEJISHI

责任编辑：季　慧
装帧设计：马　珂
广西师范大学出版社出版发行

（广西桂林市五里店路 9 号　　　邮政编码：541004）
（网址：http://www.bbtpress.com　　　　　　　　　）
出版人：黄轩庄
全国新华书店经销
销售热线：021−65200318　021−31260822−898
上海利丰雅高印刷有限公司印刷
（上海庆达路 106 号 邮政编码：201200）
开本：889mm×1 194mm　　　1/16
印张：11　　　　　　　　　字数：170 千字
2021 年 4 月第 1 版　　　2021 年 4 月第 1 次印刷
定价：168.00 元

如发现印装质量问题，影响阅读，请与出版社发行部门联系调换。

目录

引言

一

如同在其他行业一样，女性在设计领域也一直发挥着重要作用。然而，若要问在设计行业中最厉害的人物有哪些，大多数人给出的答案可能都是男性设计师的名字。至今，人们还在赞颂着那些在19世纪"设计"的概念尚未成形时开疆拓土的男性先行者；那些创立国际设计机构的男性创业者；那些建筑界的元老级男性建筑师和那些第二次世界大战后崛起的大师级男性设计师。我们当然承认，他们确实做出了了不起的贡献，但是，这种盛行的以男性、白人、西方为中心的说法有失公允。尤其在设计领域中，女性等非主流群体长期以来甚至被归为行业里的亚类。有鉴于此，《当代女性先锋设计师》一书将女性视为设计界不可或缺的一部分，而不是作为一种补充，并试图对当代女性设计师重新做出评价。

人们可能会问，在话语转向性别平等的时代，设计领域中关于女性的讨论是否还站得住脚？答案是，当然！将性别理解为文化现象的组成部分，而不是生物或自然现象，会引发人们讨论性别文化对设计产业的影响，以及没有性别差别的未来设计——让设计建立在价值上而不是设计者的性别上，是一个让人向往的目标。

"设计"这一概念成熟于20世纪，因此也沾染了那个时代的一些偏见与传统。我们不可能在讨论设计的历史时避开男性和女性这个话题，同时，我们也不能忽略一点：设计产业自产生以来，至今仍在很大程度上受着父权思想的影响。而父权思想的传统就是漠视、排斥、贬低和抑制女性为设计产业做出的巨大贡献。但如果跳过20世纪这段历史，直奔大部分人已经接受了性别平等的观念的阶段，我们就会忽略充斥在设计行业中的性别偏见。即使是那些有充分理由相信性别不重要，认为成功由才华和魄力决定的人，也必须承认设计行业中潜在的偏见已经压制甚至扼杀了这个行业中的大多数女性。如果不将此状态调整到平衡，这样下去可能会导致设计产业创造力的枯竭。

18世纪时，艺术学校从不接受女学生和女性从业者。直到19世纪末，女性才能逐渐进入刚刚萌芽的艺术设计行业，这说明此时整个社会对女性的态度开始转变。在20世纪初，这种变化较为缓慢，但随着时代的进步以及受到两次世界大战的影响，女性解放运动获得了一定程度的成功，设计行业迈向两性平等的脚步也逐渐加快。但女性设计师的故事总是不如男性设计师那么受人关注，在有关女性设计师的历史资料中也仍存在很多令人不解的地方。

很不幸，女性遭到了"隐藏"，这也不是什么新鲜事。但从 20 世纪 80 年代开始，设计史学家开始讨论女性设计师在行业中的价值。例如，伊莎贝尔·安斯科姆（Isabelle Anscombe）写的《女人的触觉》（*A Woman's Touch*，1984）第一次关注了女性设计师对纺织品、室内和家具设计行业的贡献；1988 年，利兹·麦昆斯顿（Liz McQuiston）写了一本《设计中的女性》（*Women in Design*），高度赞扬了多种设计门类中的当代女性设计师。

佩妮·斯巴克（Penny Sparke）的书《只要是粉色的就好》（*As Long As It's Pink*，1995）通过对家庭生活的研究，分析了男性和女性在品位上体现出的差异。朱迪·阿特菲尔德（Judy Attfield）和帕特·科克汉姆（Pat Kirkham）的《内部视角》（*A View from the Interior*，1989）从女性的视角回顾了设计史，帕特·科克汉姆编辑的《美国女性设计师，1900—2000》（*Women Designers in the USA, 1900-2000*，2000）及布赖尔尼·戈麦斯－帕拉西奥（Bryony Gomez-Palacio）和阿明·维特（Armin Vit）合写的《设计行业中的女性》（*Women of Design*，2008）则将这场对话带入了 21 世纪。由格尔达·布劳耶（Gerda Breuer）和茱莉亚·米尔（Julia Meer）编写的《平面设计中的女性，1890—2012》（*Women in Graphic Design, 1890-2012*，2012）以及米兰三年展设计博物馆举办的"意大利设计中的女性"展览（2016），都是以女性的专业眼光审视整个设计产业。同时，罗里·布朗（Lori Brown）和凯伦·彭斯（Karen Burns）目前正在开展一个"全球建筑女性百科，1960—2015"的项目。

网上也出现了不计其数关于女性设计师的网站，比如，女性会堂（The Hall of Femmes）、我们不是缪斯（We Are Not A Muse）、国际性别设计网络（The International Gender Design Network）、缩小差距（Kerning the Gap）、女性建筑作家（Women Write Architecture）、女性设计与研究小组（The Women's Design + Research Unit）等。它们所做的是让许多被遗忘、被忽视或没有被记录的女性得到她们应有的地位，揭露行业内明显存在的性别偏见与歧视现象。虽然这些问题尚未完全得到解决，但至少这是向这些取得成就的女性表达了一种敬意。当然，这项工作还远未完成。

对页：建筑师及设计师爱诺·玛茜－阿尔托坐在桌边，芬兰于韦斯屈莱，1924

　　《当代女性先锋设计师》汲取众多先行者的经验，希望能引起读者的注意，无论在过去还是当下，很多女性都为设计行业做出了巨大的贡献。本书回顾了设计的不同门类（包括建筑设计、纺织品设计、产品设计、工业设计、平面设计、数字媒体设计、舞台布景设计和汽车设计），跨越120年，展示了设计行业众多女性先锋设计师的作品和成就。这些来自英国、意大利、法国、芬兰、匈牙利、荷兰、俄罗斯、瑞士、美国、日本等不同国家的女性，无论作为团队合作者还是独立设计师，都因其卓越的作品和开拓性的设计方法而蜚声国际。在目录的编排上，我极力避免以学科、国籍或所处历史时期来划分这些设计师。当然，书稿在编辑过程中难免出现疏漏，但希望书中介绍的女性设计师的经历能像所有好故事一样，可以引发大家的

思考，激励大家多进行有意义的对话。

　　我在写作的时候思考了女性在进入设计行业后被历史和制度边缘化的原因。受19世纪后期英国的工艺美术运动和20世纪初期的维也纳分离派的影响，在两次世界大战期间出现了越来越多类似德国魏玛包豪斯学校这样相对包容的教育机构，这些组织和机构都在鼓励女性参与设计行业。然而，尽管它们都在宣扬平等主义，但并没有完全破除传统，事实上，最终它们甚至强化了性别的不平等。个中原因不同机构各有不同：有些是因为无法扭转人们根深蒂固的性别歧视观念；有些则是通过学科分类，将一些学科设定为更适合女性（如装饰艺术）或男性（如建筑和金属制品设计）学习，从而固化了原有的性别秩序；有些

机构的努力则因为更强大的政治意识形态和第二次世界大战而付诸东流。我在书中讲述了包豪斯学校里女性设计师的故事，以安妮·阿尔伯斯、玛丽安·勃兰特和莉莉·瑞希的作品为中心，说明了性别不平等如何在包豪斯学校短暂而辉煌的14年里给包豪斯学校女性带来设计事业发展上的阻碍。

在美国，情况要好得多，许多机构和慈善培训项目都是由女性创办的，可以为女性提供教育服务。其中费城女子设计学院（创建于1848年）和纽约女子设计学院（1859年与库珀学院合并）培养了许多工业设计师。当然，就像本书中诺玛·梅里克·斯科拉雷克的故事所揭示的那样，女性并不是非得进入这些热门的教育机构接受培训才能成为优秀的设计师。虽然大多数设计史实际上记录的是男性

的故事，但女性设计师也做出了卓越的贡献，也有很多值得讲述的精彩故事。

有些女性虽然跨越了教育障碍或找到了别的出路，但有时她们会遭遇另一种偏见——在专业上被视为"业余"。勒·柯布西耶（Le Corbusier）在拒绝法国设计师夏洛特·贝里安（Charlotte Perriand）的求职时说："我们可不是在工作室里绣靠垫。"这句话经常被人引用，这种歧视很多女性也遭受过。虽然过分夸大强势的柯布西耶对贝里安的歧视有失公允（后来贝里安与柯布西耶的合作项目遍布世界各地），但与贝里安同时代的艾琳·格雷留下的珍贵作品无疑是因为"无所不能的柯布"和被评价为"业余"而削弱了影响力。格雷1929年设计了堪称大师级的建筑作品——位于法国蔚蓝海岸的E-1027号住宅。据说柯布西

当代女性先锋设计师

耶对一个女人竟然能设计出如此富有风格的作品感到非常愤怒，于是就在旁边建了一座小房子，以密切观察他的邻居。他还趁着一次做客的机会，在房子里画了带有性暗示的壁画（全裸的图案），"玷污"了住宅的墙壁，导致格雷对这座住宅兴趣全失，最终不得不舍弃了自己的作品。1965 年，柯布西耶在 E-1027 号住宅旁的海滩上去世。多年来，关于修复这座住宅的争论从未停止，而这幅柯布西耶的壁画，最终还是在争论声中被留存了下来。

在两次世界大战期间，进入职场的女性缓解了工业劳动力短缺的问题，很多开明的制造商开始雇佣女性工人。不过，正如 20 世纪 50 年代末通用汽车组建的全女性设计团队"设计小姐"所展示的那样，有时候这些措施更多是出于商业目的，而不是在倡导男女平等就业。"由女性设计，为女性而设计"的理念产生于 20 世纪中叶，当时女性开始主导家庭中厨房用品、家居用品和汽车用品的采购决策。直到今天，这种理念仍在工业产品的营销活动中继续发挥作用。

近百年来，社会的巨变对人们生活的方方面面产生了明显的影响，设计产业和对设计史的记述也不例外。自从冷战同盟和一些政权宣告解体以来，新的超级大国开始出现，我们对这些国家的理解和对它们的信息的获取，都带来了对这些国家所推崇的思想导向（有时是偏见）的更具批判性的解释。由于基础设施的建设，经济有所增长，这些国家发生了迅速的变化。在其政府的发展主义政策的推动下，它们乌托邦式的理想也反映在对其设计和建筑的扶持上。然而，当这些政府辉煌不再，它们的设计师和建筑师的工作也失去了光芒。生于意大利、居住在巴西的丽娜·柏·巴蒂，她的故事便是通过对比，讲述了她被埋没和被人重新认识的过程。巴蒂不是唯一一个声望被政治左右的人。设计师克拉拉·波赛特（Clara Porset）出生于古巴，她的早期职业生涯受到国家内部不断的政治斗争的影响，她曾两次因激进运动而被驱逐出古巴。为了在墨西哥寻求庇护，她为路易斯·巴拉根（Luis Barragán）、恩里克·亚涅斯（Enrique Yáñez）等建筑师设计家具，成功地将当地文化与国际现代主义风格融合，在古巴之外广受赞誉。1959 年，她受菲德尔·卡斯特罗（Fidel Castro）邀请回古巴开设了一所设计学校。但是，她的先锋做派和观念再一次违反了当地的政策，令她不得不和丈夫——油画家、壁画家、设计师沙维尔·格雷罗（Xavier Guerrero）一起返回墨西哥。

虽然很多女性不得不放弃设计，去从事被规定为适合女性的工作，但也有一些女性积极投身于室内、陶瓷、印刷、珠宝、刺绣、针织和纺织等领域的设计工作。她们的坚持不懈使设计史变得更加丰富和精彩。安妮·阿尔伯斯、伊娃·蔡塞尔、阿尔西亚·麦克尼什、梅嘉·伊索拉和娜塔莉·杜·帕斯奎尔的故事告诉我们，她们是如何与之前戴着有色眼镜的媒体博弈的。还有一些设计师，如凯瑟琳·麦考伊（Katherine McCoy）则完全无视性别上的限制。20世纪60年代，一个职业顾问曾认为室内设计更适合麦考伊，劝她放弃建筑事业，于是麦考伊进入美国密歇根州立大学攻读室内设计专业，后来她又转向了工业设计，最终成为20世纪后半叶最有影响力的平面设计师和教育家之一。

设计史的性别偏见还体现在有很多所谓的"女性学科"被历史学家和学者贬低，甚至完全忽略，他们总是急于强调现代主义对机械制造、工业和建筑的影响。女性主义在现代主义中的出现，不仅将这些"女性学科"重新归入20世纪早期的设计史，而且让设计史中出现了许多新的名字。随着人们选择材料的偏好发生了改变，长期受到忽略的女性设计师的工作和她们的职业生涯也回归大众的视野。例如，当漆艺在20世纪70年代再度流行后，艾琳·格雷早期的作品开始受到大众的关注。21世纪早期，壁纸再度流行，澳大利亚壁纸设计师佛罗伦斯·布罗德赫斯特（Florence Broadhurst）的经历和设计作品也重新为大众所关注。如今，这两位设计师和她们对材料的大胆选择在世界各地都受到了广泛的赞誉。与此同时，还有舞台设计的代表人物亚历山德拉·埃克斯特、萨丽·雅各布斯和艾斯·黛芙琳，她们也因专业以外的重要贡献而得到了应有的认可。

当被问起为何极少有女性能站到设计行业的顶峰时，颇具影响力的设计评论家和作家爱丽丝·罗斯桑（Alice Rawsthorn）说："很简单，在其他行业也是如此，她们缺少自信心和应得的权利，还经常遭到设计项目委托人的拒绝，这些委托人中大部分都是男性。"西班牙设计师帕奇西娅·奥奇拉最初遭受的偏见给她独立创办工作室带来了巨大的阻力。奥奇拉的经历也印证了脸书首席运营官谢丽尔·桑德伯格（Sheryl Sandberg）在《向前一步》（Lean In，2013）中的一段文字："我们在该向前迈一步的时候却退了回来，在各个方面拖住了自己。"而扎哈·哈迪德和丹尼斯·斯科特·布朗的经历证明，有些女性即使到达了行业的

对页：建筑师诺玛·梅里克·斯科拉雷克与格伦联合建筑事务所的同事在加利福尼亚州比弗利山庄，1964

　　　　当代女性先锋设计师

顶峰，也没有得到应有的荣誉。她们的故事凸显了惯有的性别主义一直像顽疾一样存在于建筑行业的现实。斯科特·布朗的例子说明，这个问题也与建筑行业中很多项目都是多人协作实践有关。与爱诺·阿尔托（Aino Aalto）和阿尔瓦·阿尔托（Alvar Aalto）、蕾·伊姆斯和查尔斯·伊姆斯（Charles Eames）、莱拉·维格纳利和马西莫·维格纳利（Massimo Vignelli）的情况一样，斯科特·布朗在与丈夫罗伯特·文丘里（Robert Venturi）的合作中，被假定为有所贡献。在提到他们的作品时，斯科特·布朗的名字经常被省略掉。历史学家比阿特丽丝·克伦米娜（Beatriz Colomina）在为纽约现代艺术博物馆 2010 年的"现代女性艺术家名录"撰写的文章《有你无你》（With or Without You）中写道："建筑是需要协作完成的，它更像拍电影，而不像视觉艺术。但与电影不同的是，建筑

行业内很少有人承认这一点。"幸运的是，现在情况不同了，如 SANAA 建筑事务所的妹岛和世和西泽立卫（Ryue Nishizawa），他们因两人合作的获奖作品而得到了同等的荣誉。

研究人员早已证明，榜样对各个行业中女性的表现具有重要影响。扎哈·哈迪德一直强烈反对将她和她的作品与性别问题联系在一起，但最终她还是承认自己为女性同辈和后辈做出了一个榜样。虽然如今学习设计专业的女性数量已经超过了男性，但在统计毕业后进入设计行业工作的女性数量时，情况却发生了反转。英国设计协会（British Design Council）2015 年的一份报告显示，在英国设计行业从业者中，男性占 78%，女性占 22%。在某些具体的设计行业中，如产品和工业设计领域中只有 5% 的设计师是

女性，而建筑与施工行业中则有 83% 的从业者是男性。行业调查也显示出男女在薪资方面的巨大差异，这个问题与工作时长和女性要照顾孩子有关，当然也与职场中普遍存在的歧视和刻板印象有关。这些因素都导致了处于领导岗位的女性数量少、男女比例失调的现象。

各种诸如讲座和媒体节目的公共平台也反复印证了这一现象。罗里·布朗和妮娜·弗里德曼（Nina Freedman）创立的"女性建筑师"组织 2012 年在美国做过的一项调查发现，在接受调查的 73 个公共建筑学讲座中，62% 的讲座只邀请过一位女性或没有邀请过女性担任客座讲师。半年后调查显示，三分之一的讲座根本没有邀请任何一位女性。在欧洲，加布里埃尔·安·马赫（Gabriel Ann Maher）研究了当代设计媒体报道中的性别平等问题，并分析了荷兰设计杂志《构架》（Frame）一年内出版的刊物。结果令人震惊——该杂志社论版和广告页中的人物 80% 以上都是男性。

然而，黑暗总会有尽头。就像罗斯桑说的那样："女性总能在新的天空下重获新生，不再受男性的压制，能自由创造自己的工作方式。"她认为，就像科学、技术和经济的进步一样，设计也应该向新领域拓展，不只让女性获益，也由女性来引导。穆里尔·库珀从 20 世纪 70 年代起，在数字界面设计方面取得了开创性的进展，为女性树立了榜样。而库珀伟大成就的继承人奈利·奥克斯曼带领着她的"介导物质"（Mediated Matter）团队，正在研究未来的创新制造技术和材料。还有一些女性建筑师和设计师甚至在新的太空前线开疆拓土，如米歇尔·阿丁顿（Michelle

Addington）、康斯坦斯·亚当斯（Constance Adams）和杰西·卡瓦塔（Jessie Kawata）。在过去几十年中，她们通过自己在美国国家航空航天局的工作，为建立宇宙空间探索的框架做出了卓越的贡献。

21世纪正在慢慢抛弃20世纪的单一文化，具有更多变革、成长、拓展的可能，前景日益乐观。像帕奇西娅·奥奇拉、海拉·荣格里斯和奈利·奥克斯曼，这一代设计师正在寻找能够替代工业时代遗留下来的制造和分配系统的方式。虽然统计数据暂时可能令人沮丧，但业内还是有一些支持革新的人，他们心中渴望合作、对话、多学科研究和开放的资源平台。

2017年，伦敦设计艺术节将两项顶尖大奖颁给了舞台设计师艾斯·黛芙琳和平面设计师玛格丽特·卡尔夫特（Margaret Calvert），这两位女性改写了各自行业的规则。为了纪念卡尔夫特的成就，本书英文版封面书名用的字体是 Transport，这是她和约克·金奈尔（Jock Kinneir）在1963年为英国道路标志系统进行全面改造时设计的字体。为了延续这一主题，本书英文版的正文采用了 Aktiv Grotesk 字体，是无衬线字体的现代版本，由艾米莉·伯内特（Amélie Bonet）和弗朗赛斯卡·博洛尼里（Francesca Bolognini）所在的团队设计。

我可以轻松地列出很多我所崇拜的和想要赞美的女性设计师，我也非常感谢所有在设计评论和策展领域前沿奋斗的女性，她们在守护着设计领域的女性未来的话语权。她们是罗斯桑，宝拉·安东内利（Paola Antonelli）、左伊·瑞恩（Zoë Ryan）、李·埃德尔库特（Li Edelkoort）、玛丽亚·克里斯蒂娜·狄德罗（Maria Cristina Didero）、雅娜·斯科尔泽（Jana Scholze）、简·维特斯（Jane Withers）、莉莉·霍雷恩（Lilli Hollein）、艾米莉·金（Emily King）、塔尔加·贝耶尔（Tulga Beyerle）、碧特里斯·加利利（Beatrice Galilee）、凯瑟琳·印斯（Catherine Ince）、玛蒂尔达·克里兹克斯基（Matylda Krzykowski）、凯瑟琳·罗西（Catherine Rossi）、安妮娜·科伊夫（Anniina Koivu），萨拉·道格拉斯（Sarah Douglas），等等。最后我想要说的是，我把其中很多人当作自己的同事，为她们以自己的能力创作出最有品位的设计而感到无比欣慰。

妹岛和世
Kazuyo Sejima

——

建筑师，1956

"细腻而有力，严谨而不失流畅。"普利兹克建筑奖评审团如此评价妹岛和世的作品。"善于分析，富有诗意，自信且低调。"WM 杂志这样形容妹岛和世。关于妹岛和世的溢美之词有很多，但要将赞扬她和她的获奖建筑作品的文章区分开却不容易。1987 年，妹岛和世成立了自己的工作室，她以细腻的风格和专业的态度赢得了美誉。事实上，妹岛身上最突出的特点是她在作品中表现出来的突出个性。作为为数不多的能达到她这种地位的女性建筑师之一，已故的扎哈·哈迪德经常被拿来与她做比较。不过，细腻并不等于脆弱。在妹岛的专业技巧中，细腻使得她拥有了对时代和环境的特别的洞察力。

她的设计理念非常符合这个信息时代，即沟通、交流和互动。在妹岛和世建筑事务所（Kazuyo Sejima & Associates，妹岛自己的公司）和 SANAA（她和西泽立卫于 1995 年成立的平行公司）的工作和作品中，妹岛一直

试图摒弃建筑中传统的阶级和层次关系。她通过拒绝或消除内部与外部之间、隐晦与透明之间、公共空间与私人空间之间的界限的方式，倡导信息、材料、形式、人际关系之间持续的流动。甚至 SANAA 这个名字，也是 Sejima And Nishizawa And Associates（妹岛和西泽及合伙人建筑事务所）的缩写，英文名称中 And 的第一个字母都采用了大写，强调连接人与人之间的纽带与人本身同等重要。

在他们共同完成的作品中，没有哪个比日本金泽的 21 世纪当代艺术博物馆（21st Century Museum of Contemporary Art，2004）更能彰显这种无阶层感的风格。这座博物馆坐落在金泽市主干路的一个十字路口旁，将社区设施和展馆都包含了进去。妹岛说："我们最初想表达一个'开放式'博物馆的概念，让它不仅面向艺术家，也面向城市中那些和艺术不产生直接联系的人们。"这座博物馆是他们的第一个大项目，决定着公司未来的方向，但他们故意不

用方向的概念，舍弃了进入和穿过博物馆内部的迂回路线。妹岛继续说："我们提出的博物馆概念，没有正面和背面之分，人们可以从任意方向自由出入。"公共区域围绕在中心展馆周围，鼓励不同行业和年龄的参观者在这里聚集，随意走动或找一片安静的空间沉思。整个建筑被玻璃幕墙层层包裹，玻璃立面因折射和反射而呈现出的视觉效果十分瑰丽。

在谈到她对自己设计的建筑在应用方面的想象时，她以公园为例："公园是各个年龄层的人都会去的公共空间。你可以在这里加入某个集体活动，而与此同时，你的身边就可能坐着一个正在安静读书的人。"这种双重体验很有当今网络化经济的特点，既独立，同时又与周边的一切相连，让人觉得通过妹岛设计的建筑，来到了一个"异世界"。

这座博物馆在2004年威尼斯建筑双年展上赢得了金狮奖，不仅奠定了SANAA建筑事务所的地位，而且在当代文化地图上确立了金泽市的位置。随后他们继续完成了很多著名的作品，包括美国俄亥俄州托莱多艺术博物馆的玻璃展厅（Glass Pavilion at the Toledo Museum of Art，2006）、伦敦海德公园的蛇形画廊年度展馆（Serpentine Galleries' Annual Pavilion，2009）以及康涅狄格州新迦南的格蕾丝农场文化中心（Grace Farms Cultural Centre，2015）。这些建筑在透明与映像之间的流畅形式与所在城市的建筑景观静静地融为一体。妹岛为西武集团设计了特快列车的造型（2018），当列车穿过秩父市的群山和东京喧嚣的都市中心时，列车外壳的半透明感和镜面感真实地映现出日本的生活场景。

妹岛和世于 1956 年出生在日立市，她的父亲当时是日立电子公司的一位工程师。妹岛说她童年时的梦想与建筑有关，但也想当一个老奶奶，过着平静的生活。她偶然一次在妈妈的时尚杂志里看到了菊竹清训（Kiyonori Kikutake，1928—2011）的空中住宅（Sky House，1958），这座著名的单间水泥建筑悬在半空，很快让妹岛打消了第二个愿望。"这个意外的插曲让我充满信念地走下去。"她说。在日本女子大学学习建筑学后，她开始为日本建筑界的传奇人物伊东丰雄（Toyo Ito）工作。妹岛进入建筑行业时，日本能参加工作的女性还很少，更别说进入建筑行业工作。也许因为这个原因，她不可避免地要自己打拼，开拓自己的天地，在东京成立自己的事务所。"我的名字叫和世，当时女孩名字最后一个字常常是'子'，"妹岛解释，"'世'有一点不一样，父亲给我取这个名字是希望我闯出自己的世界。"

妹岛最早独立设计的作品展现了她对非永恒性和中立性的关注。"难道我们不能将场地看作各种行为偶然发生的地点吗？"她为了设计平台住宅（Platform Houses，1987—1990），寻遍了日本各种住宅形式。这是一系列供人们周末休闲使用的建筑，体量宏大。它们被设计成类似舞台的形式，空间十分开放，没有任何"舞台"使用限定，可供居民按自己的意愿使用。这种非常有特色的视觉效果使她在 1992 年获得了日本建筑师协会的年度青年建筑师奖。她按照人们体验和使用空间的方式，根据自己的关注点来设计。如今她设计的空间能更为完美地与建筑周围环境融为一体。SANAA 建筑事务所设计的纽约新博物馆（New Museum, New York, 2007）就体现了这种将本地性和国际性融合的理念。新博物馆坐落在曼哈顿的鲍厄里大街上，是 6 个竖直"堆叠"的箱式结构，其比例受到了博物馆两边沙砾外墙的仓库和房屋的影响。建筑表皮采用了一层镂空的金属，看起来像多孔的皮肤，"呼吸"和"感受"着城市的律动和喧嚣，从远处看，有一种海市蜃楼般的魅惑感觉。

2010 年，妹岛被任命为威尼斯建筑双年展的总监。这是自 2000 年的国际建筑展后，威尼斯双年展第一次由一位从业建筑师，而且也是首次由一位女性来监管展览。同年，SANAA 获得了普利兹克建筑奖，这是评委会第二次承认女性建筑师的贡献（继 2004 年扎哈·哈迪德之后）。1991 年，罗伯特·文丘里获得普利兹克奖提名，其搭档丹尼斯·斯科特·布朗没有出席颁奖礼，这件事引起了很大的争议，有些人认为 SANAA 事

务所的获奖很好地回应了整个建筑行业忽视女性设计师的问题。双年展的影响力和普利兹克建筑奖给事业带来的助力（不仅仅是10万美元的奖金）为妹岛提供了更大的平台，令她可以用有形的材料去实现无形的想法。她接到的项目规模也有所增加，最值得注意的是位于法国北部的卢浮宫朗斯分馆（Louvre Museum Outpost in Lens，2012），面积将近2.8万平方米，她的所有工程都是从一遍又一遍地建立纸模型开始的。几乎所有的建筑师都需要制作纸模型，妹岛更是如此，她往往会为一个项目制作很多个模型。对妹岛来说，她可以通过模型以触觉的方式去测试空间及空间关系中最微小的变化。与电脑建模有时表现出的抽离感不同，手工制作的模型能让人的元素融入设计中，促进使用者理解空间与人的关联。对于妹岛的方法，伊东丰雄说："由于她坚持有形的感觉，她的建筑显得非常舒服。你参观她设计的建筑时，会觉得这不只是一个抽象的物体。"

在她所有的作品中，正是这种抽象和动态之间的张力使建筑表现得如此动人。妹岛设计的结构，在空无一人时，优雅得宛如遥远的灯塔。当建筑中人流熙攘时，便会产生一种充实、入世的氛围。妹岛否认自己的作品被归为传统日本美学风格，但她的确抓住了日本美学的精髓——轻盈、精致、短暂、反差，并通过当代的材料和设计方案，将自己放在连接两个特定时代的特殊位置上。不向精致或现代性妥协，这就是她取得成功的众多微妙原因之一。

对页：美国纽约新博物
馆，2007

上图：英国伦敦海德公
园蛇形画廊年度展馆，
2009

下图：法国卢浮宫朗斯
分馆，2012

妹岛和世

海拉·荣格里斯

Hella Jongerius

—

设计师,1963

从古至今,颜色常常因为被赋予性别、地位、政治、反抗以及和平等各种意义,变得神秘而变化莫测。色彩作为众多抽象理论的载体,确实是一个具有吸引力的话题。从艾萨克·牛顿(Isaac Newton)到约翰·沃尔夫冈·冯·歌德(Johann Wolfgang von Goethe),从埃瓦尔德·赫林(Ewald Hering)、约翰·伊顿(Johannes Itten)到布伦特·伯林(Brent Berlin)和保罗·凯(Paul Kay),一些关于色彩的最有影响力的研究都是从个人实验发展而来的。不过,还没有人能像这位出生于荷兰,定居于柏林的设计师海拉·荣格里斯那样,将个人主观经验的研究做得如此动人,且与行业密切相关。

20世纪90年代早期,荣格里斯从荷兰著名的艾恩德霍芬设计学院毕业后,进入了设计行业。当时很多设计师都对这个行业存有疑问,他们尝试了后现代主义的方法,颠覆"形式追随功能"的现代主义理念,选择了一条不同

的道路,转而探索设计作为文化载体和工具的叙事潜力。让荣格里斯区别于她同时代的荷兰设计师——如尤尔根·贝伊(Jurgen Bey)、马塞尔·万德斯(Marcel Wanders)和德乔·雷米(Tejo Remy)——的是她为了质疑工业加工和手工加工之间的关系而将二者进行融合的尝试。她早期的一些作品,比如软瓮(Soft Urn,1993)、软花瓶(Soft Vase,1994)和推挤的洗衣盆(Pushed Washtub,1996),挑战了常规的材料使用方法。在那些人们认为本应是坚硬、不会发生形变的地方,她使用了聚氨酯橡胶(或硅),将它们变得柔软而可塑,并可以随着时间推移而发生变化。荣格里斯说:"在一些地方,人造材料确实会显得时尚、中性、干净,但软瓮却有着手工艺品的质感。"她给自己的工作室起了个名字,叫荣格里斯实验室,形成了一套以研究为基础的工作方法,看上去一点也不主流,反而有些极端。她并不是只对设计行业做做华丽的"修辞",而是寻找合作伙伴,帮助她改变工业设计产品的表面化和单一

标准化的情况，让作品变得更加人性化和个性化。

她与有相同理念的知名生产商一起合作，将制作者的个人喜好以及手作所具有的不完美性或可见的"瑕疵"（这是手工艺的传统特点）嵌入制造的物品中，成功地融合了两种看似不兼容的理念。例如，通过把黏土烧制到极高的温度，就可以让皇家马肯陶瓷 B 套系（Royal Tichelaar Makkum B-Set, 1997）中的每只杯子、碗和盘子出窑时都呈现出扭曲和不规则的形状。她为美国纺织品制造商玛哈朗设计了一个超长的不断重复的图案，运用到布料上作为家居装饰进行剪裁和使用时，每一块布都带有随机的图案和独特的外观。几年后，她为威达家具公司做设计时，沿用并深化了这样的创意。她的"新生地"系列沙发（Polder Series of Sofas，2005 年首次生产）的每个部分都有特定的质地和花纹，每个沙发的颜色都有着些微的明度差异，并且还有拖垂的线头和手工缝制的纽扣。设计评论家和作家爱丽丝·罗斯桑谈到这个系列时评价说："通过给一个破旧沙发设计一种高度复杂的视觉图案，海拉以无限的柔情为我们呈现了一个新沙发。这个概念听起来简单，但构思起来却需要超凡的系统思维和决断力，以及清晰的思路。"同她的软瓷上清晰可见的裂缝一样，沙发上随机出现瑕疵或无伤大雅的"质量问题"，实际上是荣格里斯精心为之，这样的操作使她的作品虽有弱点，却焕发着个性和怀旧的光辉。

通过留下大量手工的痕迹（磨损的边缘、暴露的垫肩、不完美的下摆和明显的缝线），20 世纪 80 年代的时尚设计师，如马丁·马吉拉（Martin Margiela），借用一些传统的服装裁制特点，为他们设计的服装赋予额外的价值。但这些应用仅止步于时尚领域，而荣格里斯首先成了少数几个能成功地将自己的理念运用在大众设计上的设计师之一。同她合作的公司包括楚格、宜家和看步，她接受的项目包括纽约的联合国总部大楼代表休息室（Delegates' Lounge of the United Nations Headquarters）的室内设计（2013）和荷兰皇家航空公司（Airline KLM）的机舱内部设计（2013）。

荣格里斯的职业宣言是要为工业生产过程赋予艺术的标准。近年来，对色彩的探索成了她作品中最主要的线索，也是她工作的主要内容。这种探索始于她在荷兰斯海尔托亨博斯的欧洲陶瓷制品中心的研究工作。在那之前，她设计的产品由于使用的红色釉彩中含有少量有毒的

上图：软瓷，1993　　　　　　**对页上图：**美国纽约的联合国总部大楼代表休息室，2013

下图：皇家马肯陶瓷 B 套系，1997　　**对页下图：**为威达家具公司设计的"新生地"系列沙发，2005

镉而被召回，之后她开始使用工业喷漆。她的"红白色花瓶"（Red White Vase，1997）引发了她一系列长期自创的色彩实验。荣格里斯试遍了中欧标准劳尔色卡（RAL）的色彩范围[彩色花瓶系列1（Coloured Vases Series 1），2003]，接着又尝试了斯堪的纳维亚色彩研究所的自然色彩系统（Natural Colour System，简称NCS）[彩色花瓶系列2（Coloured Vases Series 2），2007]。2010年，她再次与荷兰皇家马肯陶瓷公司合作，将添加了人造色素的氧化釉码成色谱的排列方式（彩色花瓶系列3）。这次，她的付出终于得到了回报。最后那个系列排列的色彩表现出极为深沉的质感，暗示着一种另类的三维的色彩对比，在各种色彩互相映衬时，每种色彩内在的律动呼之欲出。

每个人对色彩的感知不同，每个人对相同颜色的感受也会因为条件的变化（光线、物体表面、一天当中的不同时间）而不同。因为我们对色彩的感知不一致，于是科学家试图通过一些色彩标准系统（如RAL和NCS）弄清哪些是始终不变的。但对于荣格里斯来说，这种标准将色彩降级为一种不活泼的僵硬细节："这种标准下的色彩有一种未经污染的贫乏感，是追求效率至上的美学。"于是荣格里斯再次将她的实验从理论中搬出来，投入到主流的制作中。"我们需要一种工业调色板的替代品，因为工业调色板太拙劣了，"她说，"现代的色彩是稳定的……它们不会随着光线的变化而变化，所以不生动。如果产品需要深色，他们就加入黑色，这样很可悲，最终所有的颜色都会失去它们的光彩。"

罗斯桑肯定地说，荣格里斯"通过将这种更为敏感的色彩系统在工业生产中规模化应用，证明了这种新系统的强大力量，从而捍卫了它的地位"。自2005年以来，荣格里斯负责了看步制鞋公司和威达家具公司的色彩目录的全部修改方案。荣格里斯没有做新的设计，而是在公司既有色彩目录的基础上，设计了多种选项。回看威达的经典系列后，荣格里斯发现由于材料的改进，蕾·伊姆斯和查尔斯·伊姆斯于20世纪50年代设计的玻璃纤维座椅变成了塑料材质，于是座椅微妙的颜色差别也消失不见了。因

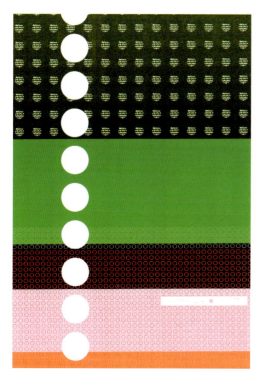

此，她为威达的经典系列选择了新的颜色，希望它们能够无限接近设计者最初的想法。

据罗斯桑说，随着研究的深入，荣格里斯对色彩的领悟"变得越来越细腻。她也探索了色彩对感官可能造成的各种影响，以及色彩与质地、光线、阴影和形状的关系"。具有实验性质的色彩捕手系列（Colour Catchers Series，2017）作品只用了一种颜色，但放在不同的光线下，却能形成富有虚幻视觉感受的多种色调，产生的效果突出了色彩本身特有的功能。正如建筑师长期以来用光线塑造形状和轮廓一样，荣格里斯也运用色彩达到了同样的目的。

这些不一定都要是新的。丹麦设计师维尔纳·潘通（Verner Panton）在他 1991 年的论文《色彩笔记》（*Notes on Colour*）中写道："色彩是一种主观的感受——它们实际上并不存在。黄色只是存在于我们的思维中的黄色……选择颜色不应该是一场赌博，而应该是一种有意识的决定。色彩是具有意义和功能的。"荣格里斯对色彩实验的热衷，给这场讨论带来了开拓性的意义：终止了设计中出现无意义的产品、无意义的商业宣传和空洞的辞藻。

阿尔西亚·麦克尼什
Althea McNish

—

面料设计师，1933

"伦敦才是最适合我的地方！"1948年，特立尼达和多巴哥共和国的即兴歌手基钦纳勋爵 [Lord Kitchener，本名阿尔德温·罗伯茨（Aldwyn Roberts）] 在蒂尔伯里码头走下"帝国疾风号"时情不自禁地赞美道。当时有一大批殖民地艺术家被吸引到"祖国"寻找伦敦的精神和创意中心，作为其中之一的基钦纳勋爵捕捉到了这些移民带来的乐观精神和喜悦之情。这种乐观渗透到了英国生活的各个角落。具体到家具和时尚纺织品行业，则要提一下阿尔西亚·麦克尼什。麦克尼什出生于特立尼达和多巴哥共和国的首都西班牙港，自1951年起开始在伦敦生活，她设计的纺织品图案同她的老乡基钦纳勋爵一样，用热情、阳光和活力给灰暗的伦敦街景带去了热带风情。但是，与她的同行不同，麦克尼什对二战后英国纺织品设计转型的贡献直到最近才得到英国人的承认。

麦克尼什的父亲约瑟夫·克劳德·麦克尼什（Joseph Claude McNish）是作家兼出版商，母亲是一个很有名气的裁缝，因此她童年的生活环境中充满了五花八门的语言、观点，还有花花绿绿的布料。早在3岁时，她就表现出了对绘画的热爱。当时的特立尼达和多巴哥出于对独立日益增长的渴望和打造本国文化身份的需要，正在经历一场文化复兴。作为特立尼达艺术协会的初级会员，麦克尼什正处于这个蓬勃发展的"舞台"的中心。她十几岁时就举办了自己的第一次展览，并受到很多长辈的鼓励——包括西比尔·阿泰克（Sybil Atteck）、穆罕默德·法罗科·阿拉丁（Mahmoud Pharouk Alladin）和博斯克·赫尔德（Boscoe Holder）。虽然她在绘画方面表现出惊人的天赋（后来做过制图师和昆虫插画师），但她的梦想却是从事建筑和工程一类的工作，于是她跟随当地的城市规划师学习建筑设计，并对化粪池产生了非同寻常的兴趣（甚至为自

025

己家的后院画了家用化粪池的图纸）。

正是因为这样的热情，她申请了伦敦的建筑联盟学院奖学金，并于 1951 年被录取。在这里，麦克尼什有 7 年的课程需要完成，尽管有助学金，但因为不能适应英国过于寒冷、阴暗的冬天，她转去了伦敦印刷与平面艺术学院，完成较短的本科课程。在一次参观英国中央艺术学院学生作品展览之后，她对纺织品设计产生了兴趣。当时，英国艺术家爱德华多·包洛奇（Eduardo Paolozzi）在那里教授纺织品设计。就这样，她在伦敦印刷与平面艺术学院学习了印刷，在中央艺术学院学习了夜校课程，之后又在英国皇家艺术学院获得了研究生学位。但她还想学习更多的知识，掌握各种材料，学习配色设计，制作产品样图，学习工艺技术。这种在设计师身上少有的对生产的理解能力为麦克尼什提供了创作的自由，也保证了她的设计创新。她对印刷行业非常了解，因此能够"保持她所选择的色彩的还原性"。麦克尼什解释说："如果工人告诉我做不到，我就会告诉他们怎样才能做到，这样不可能的事不久就会变为可能。"当时，皇家艺术学院的工作室设在维多利亚和阿尔伯特博物馆。麦克尼什选择在这种藏品大都来自英国的环境中拓展自己的艺术语汇，其实也是一个令人尴尬的矛盾之处，不过后来她说自己当时并没有意识到这一点。但麦克尼什并未因此受到影响，她以饱含力量的色彩设计证明了她具有同样坚定的意志力。

她在皇家艺术学院的老师波顿夫妇 [爱德华·波顿（Edward Bawden）和夏洛特·波顿（Charlotte Bawden）] 住在埃塞克斯郡大巴德菲尔德，在一次对他们的周末拜访中，麦克尼什受到启发，创作出了她最有名的作品。手执速写本的她被眼前太阳照耀在田野上的景象吸引住了："过去在家乡，我常常穿过甘蔗园和稻田，而此时我正走过一片麦地。这次经历太美妙了。"这幅英国田园风光图经过她的巧思，被设计成了"金色丰收"（Golden Harvest，1959）图案。"金色丰收"图案及其丰富的配色后来被哈尔贸易公司买了下来。后来哈尔贸易公司成了麦克尼什的重要客户，为她完成一次又一次先锋设计提供了机会。

麦克尼什印象主义风格的线条和色彩在 1957 年皇家艺术学院的毕业作品展上大放异彩。特立尼达和多巴哥共和国艺术家帕特里西娅·毕晓普（Patricia Bishop）描述说："伦敦当时正引领时尚……麦克尼什将各种花朵和人们能够想象到的热带图案设计成美丽的印花布，恰好满

对页左图："金色丰收"图案，1959

对页右图：麦克尼什为斯图亚特 – 利伯蒂设计的纺织品图案，1962

足了人们对这种时尚的需要。"毕业后仅一天，她就被叫到亚瑟·斯图亚特－利伯蒂（Arthur Stewart-Liberty，1916—1990）的办公室。亚瑟·斯图亚特－利伯蒂当时在伦敦经营着一家同名百货公司。麦克尼什回忆起这次见面时说："他认为英国人已经准备好迎接缤纷的颜色了。"亚瑟确信，通过她的设计，如"洋葱"（Cebollas，1958）和"木槿"（Hibiscus，1958 年）这样的图案，英国人会买这些产品。与麦克尼什差不多时代的同行露辛·戴伊（Lucienne Day）、杰奎琳·格罗格（Jacqueline Groag）和玛丽安·马勒（Marian Mahler）也为二战后英国枯燥无趣的生活带来了人们所需的欢乐，与此同时，麦克尼什色彩缤纷的图案像喷发的火山一样冲破了英国保守的现代主义。尽管当时戴伊、格罗格和马勒获得的

荣誉更多，但麦克尼什骄傲地宣称："色彩是属于我的。"

1957 年，麦克尼什和亚瑟成功会面之后，亚瑟让她直接去拜访时尚产业圈奢华和实验纺织品的生产商和零售商齐卡·阿舍尔（Zika Ascher），然后麦克尼什又陆续签下了皮尔·卡丹、迪奥、斯奇培尔莉、纪梵希和浪凡等客户。之后不久，麦克尼什的印花布图案，比如，1959 年的"热带"（Tropic）和"吉赛尔"（Giselle）登上了欧洲时尚杂志。1966 年，伊丽莎白女王二世访问独立后的特立尼达和多巴哥共和国，麦克尼什为女王备受瞩目的官方出行衣着设计了图案。

正如作家艾伦·赖斯（Alan Rice）所说，麦克尼什是一位罕见的黑人女性人物。她全身心地投入自己的事

业并成了后人的楷模。她在很多地方教过课，是很多艺术协会和组织的杰出成员。作为20世纪60年代中期颇有影响力的加勒比艺术运动的创立者之一，她积极向英国公众推荐加勒比地区的艺术家，还为约翰·拉·罗斯（John La Rose）1973年制作的BBC（英国广播公司）第二频道的节目《完整的家》（Full House）搜集整理自己和同行的作品。然而，"英国首位著名黑人纺织品设计师"这样的头衔，却是她想要极力摆脱的。她说自己从未因为种族和性别而遭到歧视："如此罕见的我，把他们都惊呆了。"

20世纪60年代，英国纺织业日渐衰落，纯棉布大多要依赖进口，纺织品生产商对精美的设计图案的需求日益增加。麦克尼什可以独自与印刷厂工人对接，提供复杂的图案设计，保证了她与很多英国大公司的合同能够顺利履行。这些公司包括卡文迪什纺织品公司、达纳斯科公司、希尔斯公司和墙纸制造有限公司。1963年，她利用棉花委员会颁发的奖学金去欧洲调查英国出口货品的情况。不久后，她直接将自己的设计卖给了欧洲的高端纺织品公司，包括里昂的布科尔公司和米兰的费德·切提公司。英国战后最成功的咨询公司——设计研究股份公司，委托麦克尼什为他们的公共客户和企业客户（如英国铁路公司和东方蒸汽航运公司）设计壁画。1959年，SS·奥利安娜号蒸汽船首次启航，船上餐厅的墙壁上便装饰着麦克尼什设计的"舌状花"（Rayflowers）与"菠萝和石榴"（Pineapples and Pomegranate）图案。

对页左图："木槿"图案，1958

对页右图："热带"图案，1959

上图：SS·奥利安娜号蒸汽船的游客餐厅墙壁图案"舌状花"，1959

　　虽然 20 世纪 80 年代末麦克尼什基本已淡出纺织品设计行业，但在淡出前的那几年，她的作品被越来越多的展览收录，这些展览探索了在英国的移民艺术家未被发掘的影响力。领导黑人艺术家和现代主义运动的艺术家兼教授索尼娅·博伊斯（Sonia Boyce）说过："很多人来到英国，在艺术院校里学习。他们都是我们的同龄人和同行，他们在这里学习现代艺术工艺。问题是，黑人艺术家总是来自'某个别的地方'。"博伊斯认为一定要摒弃这种将"他们与我们"区分开的态度。学术研究在不断纠正各种忽视女性的错误，麦克尼什的设计中"从英国矮树篱摘得的小花到热带花海"的转变，不论对二战后纺织品设计史还是对英国现代主义整体来说，都有着全新的意义。

蕾·伊姆斯
Ray Eames

——

设计师，1912—1988

蕾·伊姆斯改变了设计的世界。在她手中，所有的东西都变成了让人心情愉悦的美丽物件。她与身为建筑师的丈夫查尔斯·伊姆斯一起，在家具、平面、产品、电影、纺织品和建筑等不同领域，运用互补的技能，组成了20世纪最具影响力、获得成就最高的设计领域内的组合。他们开创性地使用了新材料（尤其是胶合板和塑料）和新技术，将二战后颇具乐观主义精神的民主设计引入欧美私人住宅和公共空间的设计领域。对他们来说，设计是一种充满了旋律和科技色彩的自发的生活方式，也是他们看待世界的一种方式。对他们来说，设计是他们希望与人分享的愿景，他们的设计成功地在世界各地多种文化中持续传播，原因在于他们合作的本质。

1956年，美国主持人艾琳·弗朗西斯（Arlene Francis）在电视节目《家》（Home）中向观众介绍蕾时，只说她是"睿智且事业有成的"设计师查尔斯的贤内助，蕾明显不喜欢这个称呼。尽管查尔斯插话表示了反对，蕾也试图纠正这种轻慢的称呼，但弗朗西斯坚持用"伟大男人背后的好女人"之类的说辞打发蕾，然后继续访问查尔斯。直到现在，我们还能在网上看到这段令人尴尬的视频，但已经很难得知20世纪50年代的美国观众当时是什么反应。

在《查尔斯·伊姆斯和蕾·伊姆斯：20世纪的设计师》（Charles and Ray Eames: Designers of the Twentieth Century，1995）一书中，帕特·科克汉姆写道：20世纪50年代的美国对消费主义来说是个好时代，对美国女性来说却不是。20世纪40年代充斥着战争，女性在男性主导的传统行业中成了短缺劳动力的补充，但没过几年，她们就又恢复了家庭主妇这个传统角色。讽刺的是，对

蕾的家庭和许许多多的旁人来说，蕾实际上是一个撕碎了"家庭琐事管理手册"、将富含折中主义和优雅随性的新时代迎入家门的家庭主妇。家庭主妇们既是这个时代的创造者，也是这个时代的产物，她们也认同这个时代的很多固有观念。自 20 世纪 50 年代起，查尔斯扮演着公共代言人的角色，而蕾则退居幕后，负责设计。但蕾很少得到公正的评价，在很多关于伊姆斯夫妇的传记、文献、成就档案，甚至讣告中，蕾依然受到与当年电视节目中一样的偏见。她不是唯一一个被自己丈夫的魅力

的阴影笼罩的设计师，但认为她是成型胶合板用品的次要设计者，似乎尤为不公。

蕾·伊姆斯原名博尼斯·亚历山大·（蕾）·凯泽 [Bernice Alexandra (Ray) Kaiser]，1912 年出生于美国加利福尼亚州的萨克拉门托市。童年时起家人就鼓励她观察日常生活，并从中发现美（这也成了伊姆斯夫妇著名的座右铭：细节并非细枝末节，细节造就产品）。她在加利福尼亚州长大，从小父母就培养她热爱大自然，还让她认识到

对页:《静物》，1930

右图:《艺术与建筑》
杂志封面，1943

了自己探索游戏方式的重要性。从 3 岁起，她就能制作各种款式的纸娃娃和时尚图案了。她从来没有忘记儿时的创意——那些创意和使用过的材料都被保存下来，还经常被修改和使用，变成了各种创意作品。后来这些创意作品的成熟版本都成了伊姆斯夫妇团队的经典设计，深受大众喜爱。她会不知疲倦地调整椅子腿的角度；她给工作室和设计项目带来了她特有的俏皮劲儿；她会在旅行时淘选大量用于举办展览的物件；她为希弗印花公司绘制了一系列纺织品图案，用时尚的理念诠释她的创

意；她深厚的艺术修养让她的摄影技术迅速成熟，她也因此可以在企业宣传片、杂志封面、展览设计上做更多细节方面的剪切和更换。

不过，她对工作室的影响远不止贡献了一种方法，毕竟在成为伊姆斯太太之前，蕾已经是一位成功的艺术家了。20 世纪 30 年代，她在纽约一个独立的先锋艺术机构——艺术学生联盟接受专业培训，后来师从赫赫有名的德国抽象表现主义大师汉斯·霍夫曼（Hans

Hofmann），这磨炼了她的视觉语言表达能力，她也因此成了伊姆斯组合早期作品的"审美担当"。

蕾记得霍夫曼"说起过可塑性"，他在空间结构、抽象和几何形式、色彩张力、不同平面的正负形空间和动态体块的相互关系等方面给了学生很多建议。在他的指导下，蕾对建筑形式、生物形态主义和抽象现代主义有了更深刻的理解和领悟。20 世纪 30 年代后期，她以美国抽象派艺术家之名把对这些概念的理解做成了展览。蕾作为美国抽象派艺术家协会的创立者之一，参与了协会早期的展览，这些展览引发了很多严肃的评论和研究，她的作品也被惠特尼美国艺术博物馆等机构收藏（不过，据说直到 1996 年，人们才把在平版印刷画上的签名

"蕾·凯泽"与设计师"蕾·伊姆斯"联系起来）。

1940 年，她与查尔斯邂逅。当时蕾在密歇根的实验性艺术学校克兰布鲁克艺术学院学习。查尔斯是工业设计系的主任，当时他正和埃罗·沙里宁（Eero Saarinen）为纽约现代艺术博物馆赞助的家具设计竞赛设计一系列胶合板椅子。尽管他使用的技术很先进，设计也获了奖，但从这些椅子的原型中可以看出，遇见蕾之前的查尔斯是一个保守的设计师。他尚未发现现代主义的真谛，而当他发现时，蕾已经明显超越了他。她对空间重要性的独特理解——通过油画她学会了构图和对体积的感知——传达出一种随性的审美倾向，这对他们设计风格的转变至关重要。

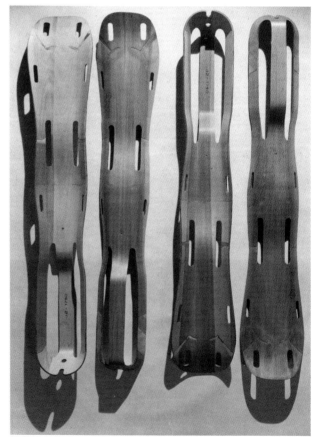

对页左图： 胶合板
雕塑，1943

对页右图： 胶合板腿
夹板，1939—1945

右图： 椅子，1948

经历过一段感情上的风雨之后，1941 年，新婚的查尔斯和蕾搬到了洛杉矶，并在那里成立了家庭工作室，继续改进在克兰布鲁克艺术学院时初创的材料技术和家具设计实验。查尔斯为了维持家庭的生计（也为了接触以后他们会用到的材料），去了米高梅电影公司做布景设计师，蕾则独自研究如何将可以弯折和塑形的胶合板制成各种不可思议的形态。她于 20 世纪 40 年代早期设计的胶合板雕塑和物件，是二战期间美国海军向其定制的第一批腿夹板和 1945 年 DCM 和 DCW 系列椅子的前身，或者说灵感来源。建筑历史学家埃斯特·麦克罗伊（Esther McRoy）写道："蕾的椅子是将具有椅子功能的材料组合在了一起。结果证明他们在洛杉矶定居的选择是对的，因为这里的飞机制造工业可以为蕾提供制造模型所需的各种材料。"

当时的现代艺术博物馆工业设计部主任，艾略特·诺伊斯（Eliot Noyes），在 1946 年的一篇文章中写道："查尔斯·伊姆斯设计和制造了我们国家至今为止最重要的一套家具……他的成就来源于审美和技术方面的能力……这套家具是一组令人叹为观止的抽象雕塑。"在这篇文章中，蕾的名字完全被忽略了。如果诺伊斯承认蕾的贡献，他可能会在文章中对查尔斯的技术成就给予应有的赞誉（如他是一位卓越的、极具工业设计头脑的设计师和工程师），但也会承认蕾在抽象雕塑方面的才华和这套家具作品的独创性。

后来有人问起蕾放弃画画的感受，她给出了这样的回答："我从未放弃过画画，我只是更换了自己的调色盘。"她在 20 世纪 40 年代为《艺术与建筑》（*Arts & Architecture*）杂志设计的封面中使用了自己早期的油画

作品，还有她设计的实验性雕塑家具，如1948年的玻璃纤维沙发椅（Fibreglass La Chaise），这个沙发椅明显地表现出了其作品的演变轨迹。20世纪60年代，她的工作室的重心转向了信息和通信设计（为自家公司和客户制作教育影片、设计展览），但演变仍在继续。1977年，蕾为短片《十的次方》（Powers of Ten）做艺术指导，片中野餐的画面和场景堪称完美。她用数据可视化技术灵活地将复杂的科技信息、数字和数据转化成易于理解且引人入胜的视觉系统。20世纪40年代早期，蕾的一位

同事，格雷戈里·安（Gregory Ain）说："蕾十分擅长在事物之间建立联系，无论她接触什么，都能发现它们内在的秩序。"

在查尔斯去世十年后，蕾也离开了人世。她为两人分别设计了骨灰盒，两人去世之后被安葬在一起，就仿佛他们的合作具有的内在秩序和雕塑之美也因此会得以延续。

蕾·伊姆斯

安妮·阿尔伯斯 Anni Albers

玛丽安·勃兰特 Marianne Brandt

莉莉·瑞希 Lilly Reich

关于包豪斯
On the Bauhaus

在 1926 年一个狂风大作的日子里，一群神情坚毅的人聚集在德国德绍市新建的包豪斯学校大楼的屋顶上，下面便是他们即将打造的现代都市。这些人中有学校的创办者——建筑师瓦尔特·格罗皮乌斯（Walter Gropius），还有他的同事，包括约瑟夫·阿尔伯斯（Josef Albers）、马歇·布劳耶（Marcel Breuer）、保罗·克利（Paul Klee）、拉兹洛·莫霍利－纳吉（László Moholy-Nagy）和瓦西里·康定斯基（Wassily Kandinsky）。他们是 20 世纪最负盛名的建筑师、画家、艺术理论家和设计师。1919 年，包豪斯学校在魏玛成立，后来因为政治压迫先后迁至德绍和柏林。学校的办学宗旨是要结合绘画、建筑、手工艺和工业设计消除艺术中的等级制度。在这张照片中只有一位女性——根塔·斯图左（Gunta Stözl），从 1926 年到 1931 年，她担任了包豪斯学校纺织工坊的负责人，是影响深远的包豪斯学校历史上仅有的两位女性大师之一。

虽然如今我们熟知的与包豪斯相关的艺术家基本上都是男性，但事实上这里有过很多重要且杰出的女性艺术家。格罗皮乌斯经常说，包豪斯是绝对平等的。在学校的开学宣言上，他宣称，"美丽的女性和强壮的男性之间不应该有什么不同"。作为第一批积极邀请女性加入的公立艺术院校之一，包豪斯学校第一年招到的女学生有 84 人，而男学生有 79 人。但与斯图左不同的是，其他女性从包豪斯毕业时，专业名气极少能比得上或超越男性同辈。从表面上看，女性被边缘化是因为包豪斯学校存在的时间很短（1919—1933）以及纳粹运动在德国兴起后，纳粹分子将所有现代主义的东西都看成是堕落的。

然而，造成这种现象的本质原因是包豪斯学校并不像格罗皮乌斯最初宣称的那样倡导平等。尽管他言之凿凿，但学校并没有像最初承诺的那样执行规定。格罗皮乌斯担心女学生数量过多会毁掉学校的公信力，后来私下限制了女学生的招生名额，并将这些数量有限的女学生分配到"挑战性"较低的专业中去。这种偏见造成了极为深刻的影响。

1922 年，当安妮·阿尔伯斯来到学校时，一定跟她的很多女同学一样失望地发现，格罗皮乌斯给予女性的唯一机会又被收了回去。在被金属工艺系和建筑系拒之门外后，安妮和其他同学被迫去了纺织工坊——一个很快成了"女人系"的地方。"纺织嘛，"安妮说，"我觉得纺织太女性化了。我是在找一份真正的工作。我进了纺织工坊，但对它毫无热情可言，只是因为这种选择没什么阻力。"尽管她心存疑虑，但这条路还是让她在机缘巧合下进入了玻璃工艺车间，在那里邂逅了她未来的丈夫——艺术家约瑟夫·阿尔伯斯，后来她又进入了斯图左的公司。当时斯图左也只是个学生，但她已经管理着一家自己的公司了。安妮·阿尔伯斯回忆起在包豪斯学校的岁月时说："纺织工坊没有真正的老师。我们甚至没有正式的课程……我从根塔那里学到了一些知识。我们坐下来，就那样动手干起来。"但她承认："渐渐地，我觉得丝线变得有意思了。"

1899 年，安妮·阿尔伯斯 [原名安妮利斯·弗莱希曼（Annelise Fleischmann）] 出生在柏林一个富有的犹太

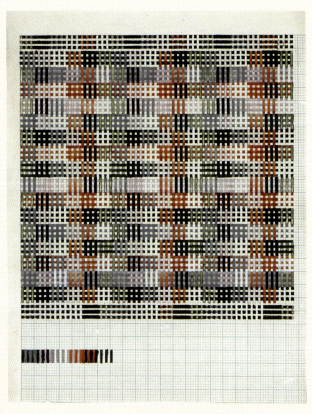

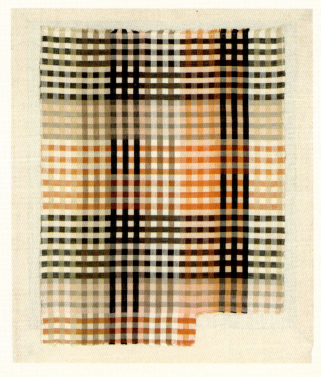

家庭。长大后的她决心放弃优渥的生活，去追求现代艺术教育。在斯图左的指点下，她坚持不懈地拓展纺织机应用的边界，打破工艺、技术和工具的局限性。她也将这种开拓的精神运用在自己的纺织品、印刷品和后来的珠宝设计中。她还在纺织设计中寻找到一种新的设计语言，将天然丝线与人造材料（如玻璃纸和玻璃纤维）甚至金属结合起来，创作出了具有突破性的作品。为了在纺织品和建筑之间建立一种功能关系，她专门研究了纺织品纤维吸收声音和反射光线的能力。

包豪斯学校的课程还包括教授各个专业的学生形状和色彩方面的知识。教授这些基础课程的教师都是艺术家，包括保罗·克利和约翰·伊顿等。受到克利的"素描就像带着线条去散步"的启发，安妮用丝线创作了一套具有个人特色的设计语汇来表达棱角分明的形状、直角和比例谐调的几何图形。据安妮与约瑟夫·阿尔伯斯基金会的主管尼古拉斯·福克斯·韦伯（Nicholas Fox Weber）说，她可以用几根彩色的丝线"表

对页左图： 在方格纸上以水粉绘制的桌布图案，1930

对页右图： 在丝光棉上印染出来的桌布图案，1930

左图： 用排水过滤器和回形针做的项链，1940

右图： 约瑟夫·阿尔伯斯拍摄的安妮·阿尔伯斯，1960

达出美妙的胜利感、欣快的欢庆感和有节奏的韵律感"，"她有无尽的创造力，不断地给人带来惊喜"。

安妮·阿尔伯斯刚进入斯图左的公司时是一名教师，1931 年接任包豪斯学校纺织工坊的临时负责人。当时，在纳粹分子的压迫下，斯图左同她的丈夫——犹太建筑师阿里·沙朗（Arieh Sharon）逃往瑞士。斯图左、安妮·阿尔伯斯和同事——包括贝尼塔·科齐 - 奥特（Benita Koch-Otte）、格特鲁德·阿恩特（Gertrud Arndt）和奥提·伯格（Otti Berger）——在包豪斯共事期间，将纺织工坊从最不受人重视的专业变成了全校最成功的专业之一。他们同制造商，如柏林宝利特纺织品公司，进行了成功的商业合作，也因此筹集到了学校急需的资金。

1933 年，由于德国内部反犹太情绪愈演愈烈，阿尔伯斯夫妇同很多包豪斯的教员一样，移民去了美国。他们在黑山学院（Black Mountain College）成立了美国的包豪斯学校，约瑟夫·阿尔伯斯成了核心领导者。黑山学院是北卡罗来纳州的一所思想进步的新艺术院校，约瑟夫在那里任艺术专业教授，安妮任纺织课程的负责人。几年之后，他们又去了康涅狄格州（1949 年约瑟夫被聘为耶鲁大学设计系主任），安妮·阿尔伯斯则继续进行纺织品方面的实验，探索新技术和机器带来的各种可能性。

安妮在美国的生活相对悠闲，这使她的作品反映出一种柔和的质朴感。除了为常春藤名校、犹太会堂、博物馆和私人住宅设计室内纺织品，她还为包括诺尔和卢臣泰在内的很多公司设计了可以大批量生产的布料图案。1949 年，纽约现代艺术博物馆为安妮·阿尔伯斯举办了个人作品展。这是现代艺术博物馆第一次为纺织品设计师举办展览，主办方评价她为"美国最有想象力、最大胆的现代纺织品设计师"。这次展览对安妮·阿尔伯斯和现代艺术博物馆来说都很重要，也从此巩固了她的国际声誉。后来，安妮说，工艺上的局限"给想要找到自己的路的人带来了一种磨炼"。显然，她指的不仅仅是纺织物上经线和纬线的局限，或者所用材料的成本问题。在包豪斯面临的局限在另一个地方为安妮·阿尔伯斯打开了一片新天地，当她明智地选择离开德国和包豪斯之后，她的作品也得以走向世界的其他地方。

包豪斯学校存在的 14 年间，只有 11 名女性突破了性别的限制，进入了金属工艺系。在这 11 名女性中，除了玛丽安·勃兰特，别人都没能完成

对页：金属银和乌木制成的茶具，1924

金属工艺系的学业或取得能与勃兰特相比的成就。勃兰特早年画油画，1924年进入包豪斯学习，入学时间比安妮·阿尔伯斯晚两年。当时匈牙利艺术家和设计师莫霍利－纳吉正引领着一场运动，关注工业设计和女性的教育问题。勃兰特是他"最优秀、最有创造力的学生"，他鼓励她加入金属工艺系。虽然勃兰特有能力，也得到了莫霍利－纳吉的支持，但她还是很难被接受："那里没有女人的一席之地。他们为了发泄自己的不满，把所有枯燥、无趣的工作都丢给我。我把又脆又硬的银金属块敲成了多少个小球啊，心里还想着每个人都是这么过来的，初学总是难的。"但令人惊讶的是，勃兰特在四年内便被提拔为工坊的负责人，为投入工业生产的金属制品制定标准，在这个过程中还积累了大量能够代表包豪斯审美精髓的作品，这些作品无一不构思精巧、外观简洁、注重功能。

她早期的学生作品中有一个系列是 No. MT 49 茶壶模型（Model No. MT 49 Teapot，1924），她打算将这个系列中的一部分投入量产。由于壶身由金属银捶打而成，壶柄是用乌木制成的，这种茶壶不太适合工业生产，但十分符合她想用更加实用的方式来设计日常物品的想法。与传统的茶壶不同，这种茶壶只有7厘米高，用于过滤高浓度的茶汤。壶盖被特别设计在偏离壶身中心的位置上，这是为了防止倾倒时茶汤漏溢，而壶柄的位置高于普通茶壶的壶柄，更方便倒茶。茶壶的外形为球状，使用了常规标准化组件（例如十字底座），两种材质和优雅的造型，是她在烟灰缸、灯具、碗和书桌配件设计上常使用的方法。

同她在纺织工坊的同事一样，勃兰特也会为自己和学生的设计作品寻找合作的制造商。她最成功的作品是1929年设计的"看灯"（Kandem）床头灯。这款灯优雅而极具现代感，合作者是海德里希·布莱登迪克（Heinrich Bredendieck），制造商是科提格＆马蒂森公司。这款灯的产量达数万件，是包豪斯的畅销产品之一。在勃兰特这个时期的一些信件中，我们可以看到她为了保证包豪斯的

合同订单所付出的巨大心血，也能看到男性同事给她制造压力，让她放慢速度。这些男人相信金属工艺系的未来在于能否大规模生产产品，但他们不相信勃兰特能做到。

1928 年，格罗皮乌斯离开包豪斯，回到了自己在柏林的私人建筑事务所。第二年，勃兰特也离开了，暂时加入了他的事务所，之后被任命为哥达县陆派沃克金属制品加工厂的设计主管。她是第一个担任该职位的女性，并凭借自身的努力赢得了厂里技术工人的尊重，但公司保守的制度始终与她的现代理念格格不入。她在陆派沃克待了三年，为公司做了不计其数的设计，为员工、自己的家人，甚至很多她觉得有必要帮助的失业的朋友提供了生活保障，但由于纳粹分子施加的压力和德国的经济衰退，这份工作最终难以维持，勃兰特被迫离开了工厂。

结婚后，勃兰特加入挪威籍。由于纳粹分子执政，她离开德国去挪威奥斯陆工作，后来又因家庭原因被召回

德国。二战时期，她幸运地逃过了很多同辈遭遇的残酷迫害。但随着德国经济的衰退和政治局势的动荡，她的进步想法受到了极大的挑战。二战结束后，她打算和荷兰设计师马特·斯坦（Mart Stam）创办一所学校，但这个想法因被人告发而成为泡影。在恢复工业生产的所有希望都破灭后，勃兰特在 20 世纪 50 年代中期从公众的视线中消失了，她研究起了自己感兴趣的摄影和相片合成技术。当她的绘画、纸艺作品和金属制品设计在 20 世纪 70 年代受到评论界的关注时，她已经 80 多岁了。当时勃兰特定居德国，健康状况不太乐观，也无力改善自己的处境。

与勃兰特的情况相似，莉莉·瑞希在二战期间也留在了德国，也正是因为这个选择，她一生的作品才得以保存。瑞希于 1932 年来到包豪斯，与阿尔伯斯和勃兰特不同，她当时的身份不是学生，而是包豪斯第二位女性大师及纺织工坊和室内设计系（刚刚成立）的负责人。在接受包豪斯新任校长路德维希·密斯·凡·德·罗（Ludwig

Mies van der Rohe）的邀请时，她已经四十多岁了，在时尚、室内、展览、家具和建筑设计等领域均有建树。

去包豪斯之前，瑞希最重要的工作经历是在德意志制造联盟做展览，1922年时她是那里的第一位女性主管。她负责监管联盟的展览以及面向国际观众的德国工艺和工业展览的设计与工作分派。这些展览是推广德国产品、意识形态和审美的重要手段，在瑞希的手中，展览从底座上沉闷的产品陈列变成了对材料、工艺和产品的精心安排。1926年，在为法兰克福双年展做的"从纤维到织物"展览中，她没有将原材料置于背景处去衬托商品，而是将其摆在展位的中心，以说明羊毛和棉花制品生产的过程。法兰克福的日报赞扬她"能够如此清晰地触动时代之弦，赶得上男人的一半了"。这是当时典型的明褒实贬之词。

当瑞希的声望、经验和专业知识在不断累积时，她加入包豪斯的密斯团队也成了必然，因为她和密斯在工作和私交中的关系都很好。从1927年为德意志制造联盟做展览后，两人继续合作了无数个展览。据说，他们几乎一见面就陷入了热恋，这也算不上什么秘闻了。就像诺尔家具公司的副总裁艾伯特·菲佛（Albert Pfeiffer）指出的那样："密斯涉足展览设计并取得了成功，这同他与瑞希的个人交往是同步发展的，这不是巧合。"虽然他们有各自独立的工作室，但随着瑞希更多地参与到钢管家具配件的创新设计中来，他们便在密斯最有名的一些欧洲建筑项目的家具和室内设计上展开了合作。这些项目中还包括1929年巴塞罗那国际博览会的德国馆（German National Pavilion）（他们合作设计了由皮革和钢管制成的巴塞罗那椅）和1930年位于捷克的图根哈特别墅（Villa Tugendhat）。菲佛还说："无论是在与瑞希合作之前还是之后，密斯都没有真正设计出成功的现代家具。"但瑞希对巴塞罗那椅（一直被大众认为是密斯的作品）的贡献常常遭到质疑，甚至从未被承认。

纽约库珀·休伊特国家设计博物馆的玛蒂尔达·麦奎德（Matilda McQuaid）认为瑞希"处在包豪斯历史上最动荡的时代，没有安定的环境让她来进行伟大的变革"。在密斯的指导下，建筑成了包豪斯学校的重心。由于政府的拨款日益减少，学校严重

对页左图：用铜锌合金做成的烟灰缸，配以镀镍的盖子，1924

对页右图：用镀镍黄铜做成的吊灯，1926

上图：玛丽安·勃兰特在德绍包豪斯学校的楼梯上的自拍照，1928

当代女性先锋设计师

依赖专利使用费的收入，瑞希的主要任务变成了从事商业制造方面的设计工作。即便如此，瑞希在包豪斯的任期也被缩短了。1933 年，纳粹分子强制关闭了包豪斯学校，密斯像之前的格罗皮乌斯等人一样迁往美国，在那里发展自己的建筑事业。但不知何故，瑞希没有与他同行，而是留下来经历了往后的种种磨难。1935 年，在给荷兰建筑师雅各布斯·约翰内斯·皮埃特·奥德（Jacobus Johannes Pieter Oud）的信中，瑞希写道："我做过几份微不足道的工作，如今一文不名……情况不容乐观，但我们无力做出改变。"

幸运的是，瑞希把自己和密斯的大部分文件和资料带出柏林保存了起来，不过在盟军轰炸柏林期间，她的个人信函和早期的一些文件还是被毁掉了。二战期间，她应征加入军工集团，后来在建筑师恩斯特·诺伊费特（Ernst Neufert）的事务所工作。1947 年，二战结束两年后，瑞希去世。她再也无法重振自己的事业，也无法索回自己的档案。密斯花了将近 20 年才找回这些珍贵的资料文件，并于 1968 年将它们赠予纽约现代艺术博物馆。当代的女性主义学者接触到了这些资料，将瑞希的名字带到了世人面前。如果不是密斯找回了这些资料，很难说她的贡献，或者说她应得的国际声誉，能够得到多大程度的承认。

尽管在 1933 年包豪斯学校被迫关闭时，它还怀着消除等级界限的伟大目标，但实际上它强化了等级的观念。包豪斯作为现代主义的终极范本（这种误解至今影响着人们对它的看法），学校内外却普遍存在着根深蒂固的性别不平等观念。即使女性能够获得学习各种学科的许可，她们也很难像同时代的男性一样得到认可。所幸，在包豪斯学校成立一百余年后，这种偏见正得到修正，许多女性成员最终得到了应有的承认。

丹尼斯·斯科特·布朗

Denise Scott Brown

———

规划师、建筑师，1931

20 世纪 60 年代末，当丹尼斯·斯科特·布朗将她的学术研究目光投向拉斯维加斯大道时，论述建筑学的路径便永远地发生了改变。她同丈夫罗伯特·文丘里、同事史蒂芬·伊泽诺（Steven Izenour）和耶鲁建筑学院的学生，一起详细调研了拉斯维加斯市混乱的城市状况，希望通过研究各种色彩鲜艳的招牌和复杂的建筑形式增进对这个城市的了解。他们的调研结果发表在 1972 年出版的《向拉斯维加斯学习》（Learning from Las Vegas）一书中，这本书通过对英雄主义和纪念性建筑的慷慨激昂的批判，以及对日常建筑、象征主义和历史装饰的支持，引发了人们的广泛讨论。直到现在，《向拉斯维加斯学习》一书仍在发行，已有 12 种语言 25 个版本（第一版是由穆里尔·库珀设计的）。这本书是后现代主义研究的主要文本资料，它的研究为学生、学者和从业者如何看待当地建筑、城市扩张和符号学提供了新的方法。

1931 年，丹尼斯·斯科特·布朗出生在赞比亚。童年的她在假期时常常徜徉于非洲南部的大草原上，这培养了她看待世界的眼光，也让她学会了"从所见所学中去创造"。她敏锐的洞察力是促成《向拉斯维加斯学习》一书获得成功的关键所在，但这并不是斯科特·布朗展现洞察力的唯一作品。在她众多精妙绝伦的评论文章中，最引人深思的是《上流社会？建筑中的性别歧视和明星制度》（Room at the Top? Sexism and the Star System in Architecture）。这是以她 1974 年的一篇演讲为基础写成的评论，最终于 1989 年发表。文章详细叙述了布朗作为女性建筑师、规划师、教师和理论学家在从业时遭遇的很多侮辱、错误定位和歧视。这篇文章逻辑严谨，引人思考。1991 年，罗伯特·文丘里获得了普利兹克建筑奖，而丹尼斯·斯科特·布朗——尽管她在文丘里的建筑理论和设计的发展演变中一直作为他的合作者并承担着重要职责——甚至没有在颁奖词中被提及。文丘里曾经要求斯科特·布朗也应作为联合获奖人得到承认，但被大奖评委会告知不可能。因为当时普利兹克建筑奖只承认个人，不承认合作者。斯科特·布朗的存

049

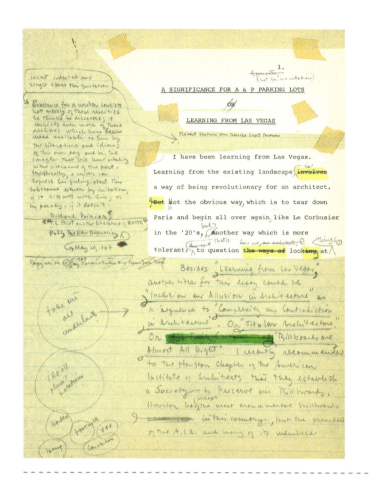

左图：
丹尼斯·斯科特·布朗、罗伯特·文丘里和史蒂芬·伊泽诺所著的《向拉斯维加斯学习》一书的手稿，页面上做了很多标记，1972

对页上图：
斯科特·布朗站在内华达州拉斯维加斯大道前，1966

对页下左：
宾夕法尼亚州费城的富兰克林纪念馆和纪念碑，1976

对页下右：
新泽西州普林斯顿大学的吴登辉堂，1983

在实际上相当于在文丘里的职业生涯中被抹去了。

2013年，哈佛大学设计研究生院的学生开始为布朗发声。他们发起了2万人签名的请愿活动，要求"承认斯科特·布朗的成就，她应获联合普利兹克建筑奖"。2000年普利兹克建筑奖获奖者雷姆·库哈斯（Rem Koolhaas）在签名请愿时补充说："我们在建筑界看到的最富创造力和生产力的搭档关系不仅没有受到颂扬，反而被一个奖项拆散了。这个奖项有辱公正，理应撤回。"但普利兹克建筑奖组委会拒绝撤回评审结果，于是，一大批其他奖项，包括美国建筑师协会金奖和《建筑师杂志》（Architect's Journal）主办的简·德鲁奖在内的组织者，纷纷站出来主持公道。2017年，布朗因对建筑行业女性做出杰出贡献而接受一个奖项时说："鉴于我与奖项的渊源，你们可以想象我对此次获奖的惊讶程度。"

丹尼斯·斯科特·布朗从小便认为建筑是女性的工作。在她家厨房的桌上散乱的相册和餐具中间常常堆放着学过建筑专业的母亲为新家画的设计图。但当她在约翰内斯堡的威特沃特斯兰德大学建筑学院上学时，才逐渐认清了现实——她惊讶地发现自己班上有65个学生，只有5个女生，而在给素描作品签名时，她必须写上自己的全名，大家才知道这是女性画的。1952年，布朗去伦敦建筑协会深造，在厄诺·德芬格（Ernö Goldfinger）、丹尼斯·克拉克·霍尔（Denis Clarke Hall）和弗雷德里克·吉伯德（Frederick Gibberd）的事务所积累了宝贵的工作经验，接触的项目涵盖了居民楼和医院等。她发现建筑协会和战后英国建筑业的进步思想具有很强的解放意识。她有一次特别的实习面试经历，负责面试的建筑师对她说："很抱歉，我们付给你的薪水没法像男性那样多，因为如果我那么做了，办公室的秘书会提出抗议的。"

对页上图：法国图卢兹省议会大厦北侧透视图，1999　对页下图：密歇根州安阿伯市密歇根大学的健康科学建筑楼群和帕尔默大道，2003

1958年，布朗来到美国发展自己在城市规划和建筑设计方面的兴趣，最终从学生变成宾夕法尼亚大学的教员。她在这里遇到了罗伯特·文丘里，两人因为共同的兴趣而成为挚友。他们一起教课，互相评论对方的文章，修改对方的作品，最终一起创作。他们两人十分互补：文丘里有着对建筑本能的感觉和常规经验；布朗有着缜密的思维、客观的眼光，并关心社会与文化问题。布朗说："如果没有彼此的帮助，鲍勃（罗伯特的昵称）不会是现在的他，我不会是现在的我，我们的工作也不会是现在这个样子。"1966年，他们前往拉斯维加斯，开始了那次著名的调研；1967年，斯科特·布朗加入文丘里的公司（两人于同年结婚）；1969年，她成为文丘里·劳赫公司（后来的文丘里·斯科特·布朗公司）的合伙人。

他们都反对在当代建筑界持续盛行的思想陈旧的现代主义，并通过多种出版物、优秀的总体规划方案和众多建筑项目，明确了一种颂扬复杂与矛盾的建筑设计观念。他们的作品，如印第安纳州哥伦布4号消防站（Fire Station Number 4，1968）、费城富兰克林纪念馆和纪念碑（Franklin Court Museum and Memorial，1976）、新泽西州普林斯顿大学（Princeton University）的吴登辉堂（Gordon Wu Hall，1983）和法国图卢兹省议会大厦（Provincial Capitol Building，1999），都表达了他们的观点。他们认为建筑是包罗万象、兼收并蓄的，材料与华丽装饰的并置使建筑结构异常复杂，得到的结果也往往令人震惊。

1987年，丹尼斯·斯科特·布朗先后承接了公司两个规模最大的项目，一个是担任田纳西州孟菲斯市一个中心区的城市规划负责人（负责道路设施、公共道路、园林景观、交通流量、文化设施和商业发展的规划），另一个是同建筑团体合作，为伦敦国立美术馆（National Gallery）的塞恩斯伯里裙楼（Sainsbury Wing）做设计。尽管这两个项目在类别上截然不同（一个是开阔的室外空间，一个是陈列着珍贵艺术品的室内空间），但布朗还是欣然接受了挑战，准备挑战自己"精神和审美"上的极限，也与团队进行了技术交流。她后来补充说："没有万无一失的想法和概念，合作才是建筑的真理。"

布朗不断强调合作的重要性，这似乎让1991年普利兹克建筑奖的争议愈演愈烈。布朗认为，人们需要加强对建筑领域中合作的理解，她在2013年说："他们欠我的不是一个普利兹克建筑奖，而是一个普利兹克建筑奖的接纳仪式。让我们向'联合创造'这个概念致敬。"不过，

当代女性先锋设计师

对页：伦敦国立美术馆
的主楼（右）和塞恩斯
伯里裙楼（左）之间的
禧年大道，1987

上图：罗伯特·文丘里
在美国内华达州拉斯维
加斯大道前，1966

纽约州立大学的副教授和临时主席戴斯皮纳·斯特拉迪加科斯（Despina Stratigakos）表示，即使丹尼斯·斯科特·布朗从未获得那样的接纳仪式，但2013年的请愿所形成的广泛传播已经强调了"建筑业合作的本质是要给予女性以及团队中很多重要成员应有的荣誉，不能让其中某个明星'队员'独占风头，那种做法已经过时了"。

《向拉斯维加斯学习》中有一张布朗的标志性照片，她双手叉腰，双脚坚定地站在内华达州拉斯维加斯大道前。这张照片成为一个为建筑业中的女性和整个行业性别平等而发声的形象。从这张照片中我们可以一眼看出，一位女性茕茕孑立于天地之间，这幅景象会让人忽略照片的背面——罗伯特·文丘里背朝镜头，（大概是）面对着斯科特·布朗。忽略他们二人中的任何一位都有给他们分级排序的嫌疑，也是在迎合布朗在《上流社会？建筑中的性别歧视和明星制度》这篇评论中对建筑行业中精英明星制的抨击。

穆里尔·库珀

Muriel Cooper

——

平面设计师、数字化设计师，1925—1994

1994 年，穆里尔·库珀在加利福尼亚州蒙特利市做了 TED 5 会议报告后，据说比尔·盖茨（Bill Gates）第一个排队索要她的演讲稿。库珀和她的学生在麻省理工学院（MIT）的工作在界面设计领域引起了巨大反响，甚至那些在工作中严重依赖电脑软件的人也感受到了这种影响。（在这些人还不知道什么是界面的时候，软件就已经成为他们工作的基本工具了。）

据库珀以前的学生，广受欢迎的数字化设计师约翰·梅达（John Maeda）说，库珀"向全世界展示了如何让电脑变得美丽起来"。她创造了屏幕上的"版式景观"。这是一个虚拟的场景，"景观"中没有山川和树木，而是用字母、数字和示意图展现了一层层相关的信息，这种信息是无法在纸张上显示的。观看她在屏幕上的作品就像在一片风景上空翱翔。《连线》（Wired）杂志写道："（风景）从天而降……在标题上悬停，然后从远方向一个段落靠近，旋转着，从后面飘过来，然后深深潜入图中。"这种迄今尚不为人所知的极具未来感的"宇宙"将影响每一个与数字

信息有关的行业——金融、医疗、交通、教育等领域。甚至像史蒂芬·斯皮尔伯格（Steven Spielberg）的科幻电影《少数派报告》（Minority Report）也从库珀的作品中获得了很多灵感。（这部电影的科技顾问是库珀的门生之一，库珀的学生在汤姆·克鲁斯饰演的角色学会将状态栏从左向右滑的十年前，就已经开始构想这种操作。）

库珀预测，未来人类会大大依赖界面，也预言了人们对界面的直观性的需求以及对它的期待。但恐怕她本人也会对自己精准的预测感到意外。库珀对电脑的探索实属偶然。她唯一一次编程的经历是在 1976 年 MIT 的夏季课程中，课程由 MIT 媒体实验室主任尼古拉斯·尼葛洛庞蒂（Nicholas Negroponte）教授。"我差点死掉，"库珀说，"老师要求我们必须把脑中的想法转化成高度编码的符号语言，可是我当时完全不懂这种语言是怎么回事，我都要疯了。"这样的学习开端似乎毫无希望可言，她也从未真正掌握电脑编程。不过，她从一开始便看到了这项技术的潜力，并着手将当时那些高深莫测的数据翻译成可被解密

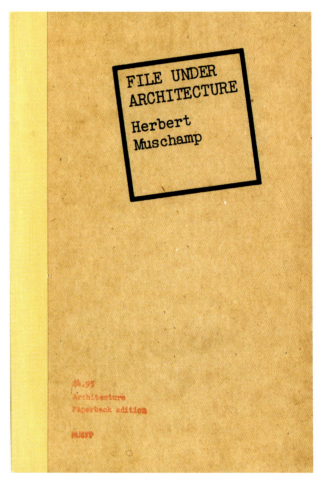

的文字和图像，供其他同样感到困惑的人使用。她有一句话很有名："信息只有在能被人理解时才有用。"

库珀从1952年开始涉足平面设计，经过了长期的发展，才在事业上取得了这样的成就。在家乡马萨诸塞州完成了设计和教育方向的研究生学习后，库珀加入了麻省理工学院的出版事务所（后来成为麻省理工学院出版社，如今叫设计服务公司），在此担任初级设计师，后来晋升为部门主管。直到20世纪70年代中期，她一直在自由职业和全职工作之间切换，并为出版社监管过500多种出版物的艺术指导和设计工作。她在工作中力求保证出版物开本与印量合理化，以及设计风格与学术出版调性的一致。例如，她为出版社所有出版物的书脊设计了一个由七条竖线构成的标志——这是对出版社名字首字母的垂直笔画的抽象演绎——如今我们几乎能在每一位建筑和艺术爱好者的书架上找到这个标志。尽管她制作了很多化学和地球物理学方面的精美书籍，但在麻省理工学院的大环境下（从更大的层面上说，是在哈佛大学的包豪斯移民教员留下的宝贵精神财富的影响下），关于建筑、设计、控制论和人工智能方面的讨论，才既塑造了她，也被她所塑造。

库珀出色的图书设计有很多，如我们前面提到的《向拉斯维加斯学习》第一版，还有尼古拉斯·尼葛洛庞蒂的《建筑机器》（*The Architecture Machine*）和赫伯特·马斯卡姆（Herbert Muschamp）的《建筑学档案》（*File under Architecture*）。《建筑学档案》是在棕色牛皮纸上印刷的，同时还使用了IBM电动打字机。这种新型打字机的发明第一次让设计师可以独立制作一本书的版式。

库珀一直将版式设计作为视觉实验的出口。她不断研究版式设计的制作流程和相关工具，如 IBM 电动打字机，在这个过程中，她自己也成了一位典范型的——或许有点儿不够正统的——老师。1974 年，她同设计师罗恩·麦克尼尔（Ron MacNeil）一起创建了 MIT 视觉语言工作室（VLW）。就像自己从事设计时那样，库珀在工作室创立之初以"做任何事情都没有对错之分"为出发点，要求学生去挑战一切，探索版式设计、平面设计、实际操作和以技术为导向的流程之间的交互作用。在 MIT 沉稳而克制的氛围中，库珀作为一名人文主义者，从一群科学家中间脱颖而出——她摒弃常规和等级传统，鼓励差异化。作为系里唯一一位女性终身制教授，她的表现始终格外引人注目。梅达在《纽约时报》（*New York Times*）的采访中说："在穆里尔的时代，男人很强势，但她说：'我更强势。'为了证明自己，她脱下鞋子把脚架在桌子上。"

1985 年，VLW 与当时刚成立、如今已久负盛名的 MIT 媒体实验室合并。当时，媒体和设计正受到不断进步的计算机技术的挑战，60 岁的库珀开始专门关注数字化设计。提到这种转变时，库珀说："在麻省理工学院出版社成立之初，设计师一直在努力学习在二维空间——X 轴和 Y 轴的维度——中引导读者的视线。计算机给设计师带来了挑战，同时也提供了机会——他们可以利用多维信息去创造更复杂的路径。"

从印刷行业到数字化行业，或者说从平面设计转向多维度设计，这种转变看似顺理成章，但并不轻松。印刷行业的局限性令库珀心生挫败，再加上她对非线性体验和信息分层抱有浓厚的兴趣，于是，库珀开始向计算机技术方向转型，这是她毕生追求的顶点。她渴望探索"交流中的内容、质量和技术"，只是运用的手段是新的时间和空间的媒介。在屏幕上将文字和图像结合，这种方式可以在引起读者或用户兴趣的基础上过滤和传达信息。制作系统化的用户友好的流程，也可以使复杂的部分更容易操作。她说，她的担忧"总关乎开头和过程、革新和技术，以及人类交流产生的意义，而不是严谨的平面设计理论和风格"。

对库珀来说，数字化设计比其他媒体提供了"更多不同的能力、不同的限制和可变因素……甚至没人知道它们是什么"。她为 VLW 设定的目标是将信息融入一种适合的沟通形式中。他们研究制作了可以实时改变大小和方向的三维图形——设计通过用户的鼠标来引导，而不是由设计者来完成。库珀肯定地说："我深信，当信息被数字化后，复制工具和设计之间的界限将会变得模糊，设计师和艺术家之间、作者和设计

对页左图：《向拉斯维加斯学习》第一版封面，1972

对页右图：赫伯特·马斯卡姆的《建筑学档案》封面，1974

师之间、专业人士与业余爱好者之间的界限也将消失。"所有的这些都是 MIT 在虚拟现实和智能软件系统方面取得突破性进展的那几年里发生的。就像一个闭环系统一样，这些方法可以反过来应用到电脑界面、数字印刷技术和新兴的电子通信系统等方面。这种相互促进的作用会循环发生。

库珀最了不起的地方在于她拥有敢于跨入未知领域的进取态度，她还鼓励学生和老师与她一起奋斗。MIT 媒体实验室介导物质研究组的创始人奈利·奥克斯曼说："我从未见过库珀，但我经常会通过想象'穆里尔会怎么做'来引导我自己。随着时间的推移，我在脑中构建了一个库珀的形象，她的精神在指导我。"虽然很多人不知道穆里尔·库珀的名字，也没有机会直接向她学习，但即便是赤足前行，他们的生命也将因为追随她的脚步变得更加灵动而有意义。

左图： MIT 出版社的标志，1963—1964

右图： 汉斯·温勒《包豪斯：魏玛、德绍、柏林、芝加哥》英文版宣传海报，由 MIT 出版社出版，1969

对页上图： MIT "信息与方法"课程的海报，1974

对页下图： 库珀与戴维·斯摩、石崎野卓和丽萨·斯特罗塞尔德合作的《信息景观》中的定格画面，1994

爱诺·玛茜 – 阿尔托
Aino Marsio-Aalto

—

建筑师、设计师，1894—1949

参加1939年纽约世界博览会芬兰馆（Finnish Pavilion）的设计竞赛时，爱诺·玛茜–阿尔托的方案获得了第三名。第一名和第二名的方案都是由同一个建筑师提出的，他就是爱诺的丈夫，阿尔瓦·阿尔托。虽然后来爱诺与他一起合作了展览，但她从来没有被摆到与丈夫同等的位置上。如今离她猝然去世已七十载有余，爱诺终于摆脱了阿尔瓦·阿尔托光环的巨大阴影，走进了公众的视野。

"她无疑是设计史上最被忽视的人物之一，"纽约巴德研究生中心的策展人妮娜·斯特里兹勒–莱温（Nina Stritzler-Levine）说，"人们只知道她是一个玻璃制品设计师。"这里所说的玻璃制品，指的是1932年她为芬兰品牌伊塔拉设计的采用压制玻璃工艺制作的"涟漪杯"系列餐具。这个系列直到现在还在生产，是让爱诺走向国际的重要作品之一。然而，她对20世纪芬兰建筑、室内设计的发展所起的作用，不只在这套玻璃杯上。在我们的时代，

她留下的宝贵财富需要被重新评估，这也是早该进行的对现代主义的父权历史的重新评估。然而，就像很多专业的搭档一样（如伊姆斯夫妇），阿尔托夫妇所做的项目一般都署公司的名字，而非个人，这就令他们的创意难以确定归属。

爱诺·玛茜–阿尔托本名爱诺·玛丽亚·曼德琳（Aino Maria Mandelin，这是一个瑞典姓氏，之后改为芬兰变体"Marsio"，音译为"玛茜"），她在高速都市化的芬兰度过了自由自在的童年。她和家人住在赫尔辛基第一座工人合作公寓里，周围的邻居中有木匠和细木工，她还向他们拜师学艺过。虽然她是那个年龄段的学徒中为数不多的女孩，但在20世纪上半叶的芬兰，女性是可以学习建筑设计的，这一点跟欧洲其他地方有所不同。在赫尔辛基技术大学学习高级课程的时候，她邂逅了阿尔瓦。赫尔辛基技术大学鼓励学生将建筑理解为一种积极的社会工

具和整体过程，从大楼宏伟的外形到门把手，每个细节都需要设计师的仔细斟酌。爱诺是阿尔瓦的校友，1920 年先于阿尔瓦毕业。后来两人在芬兰建筑师协会相遇。由于芬兰的人口总数本来就少，芬兰建筑师协会又是一个很小的组织，这就意味着他们俩的工作关系很快就变成了亲密的私人关系。最后爱诺离开了伽纳·A. 瓦尔胡（Gunnar A. Wahlroos）的建筑事务所，并于 1924 年加入阿尔瓦的建筑公司。6 个月后他们喜结连理，开始了蜜月旅行。在这次去往欧洲的蜜月旅行中，他们遇到了终身的好友和同事，包括柯布西耶、建筑师和包豪斯学校的校长格罗皮乌斯，以及艺术家和包豪斯大师拉兹洛·莫霍利 – 纳吉。

阿尔托夫妇回到芬兰后成立了联合事务所。事务所先设在于韦斯屈莱市，后在 1927 年搬至图尔库市。他们将从欧洲吸收的先锋派思想和自然的材料、暖色调和芬兰地形般的波动线条融合在一起。他们崇尚 "为日常生活而设计"。20 世纪 20 年代末期和 30 年代早期，夫妇二人合作了许多项目，包括建筑、室内和家具设计。其中最受好评的作品有帕米欧疗养院（Paimio Sanatorium，1933）和赫尔辛基的甘蓝叶餐厅（Helsinki's Savoy Restaurant，1937），他们为项目设计的由钢管和曲木组件组成的家具为芬兰建筑界引入了一种理性主义的标准化系统语言。在同样著名的作品卫普里图书馆（Viipuri Library，1935）的开幕典礼上，阿尔瓦骄傲地宣布，爱诺设计了 "世界上最美的楼梯"。她强烈的道德观念促使她将有重要社会意义的项目——如图书馆、住宅、日托中心、儿童福利诊所以及儿童家具设计——作为她实践的核心，其中比较典型的项目包括卡胡拉幼儿园（Karhula Nursery School，1939—1941）、诺尔

左图： 纽约世界博览会芬兰馆，1939

对页： 为伊塔拉设计的 "涟漪杯" 系列餐具，1932

当代女性先锋设计师

马库的儿童之家和健康中心（House for Children and Health Center，1945）。

　　爱诺为人低调、务实，与她随意任性、难以捉摸的丈夫截然相反。虽然他们俩天性的互补有时被夸大了（基本上是贬低爱诺，抬高阿尔瓦），但她给阿尔瓦丰富的想象力带来了可以实现的基础——娴熟的绘图技术和功能主义理念，她对事务所严加管理，控制了丈夫的无度挥霍。他们的孙子黑基·阿兰能（Heikki Alanen）写过关于他们合作的事："爱诺很好地平衡了阿尔瓦的不拘小节，她的冷静和守时也保证了竞标作品和项目能够准时完工。"

　　首批完全由爱诺设计的作品之一是花都别墅（Villa Flora，1926），这是阿尔托夫妇在芬兰西部阿拉亚微湖沿岸建造的度假屋。从表面看来，这栋别墅像一座结实的农舍，实际上它却融会了现代主义的高效和芬兰乡村生活的简朴特色。其中独具一格的是别墅的绿色屋顶。在阳光强烈的时候，屋顶植物可以为人们提供一个阴凉的休憩场所，而在温度较低的夜里又能起到保暖的作用。与同时代的艾琳·格雷一样，爱诺不太崇尚现代主义。虽然她支持民主设计和功能主义的美学目标，但她设计房屋的目的是为了生活——为了家庭生活的各个方面而设计——而不是为了某种建筑理念。她尤其关注软性材料和室内陈设，这一点充分体现在了芬兰诺尔马库的玛丽亚别墅（Villa Mairea，1939）项目中。这栋玛丽亚和哈利·古利琛（Maire and Harry Gullichsen）的私人住所表现出了相当程度的舒适性

对页上图：卫普里图书馆的演讲厅，现位于俄国维堡，1935

对页下右：芬兰阿拉亚微湖畔的花都别墅，1926

对页下左：芬兰赫尔辛基的甘蓝叶餐厅内景，1937

右图：位于芬兰法边宁卡图的雅泰克公司的橱窗，1939

和实用性，在 20 世纪的实用主义建筑作品中极为少见。

古利琛夫妇是工业财富的继承者，也是现代文化的赞助人。他们是阿尔托品牌获得成功不可或缺的支持者。1935 年，玛丽亚·古利琛、阿尔托夫妇与芬兰艺术史学家尼尔斯 - 古斯塔夫·哈尔（Nils-Gustav Hahl，1904—1941）联手创建了雅泰克（Artek 是英文单词 art 和 technology 合在一起后的缩略词）展览公司。公司宣言说，他们的目标是要通过销售和推广现代生活文化，将商业和文化结合起来。哈尔是雅泰克展览的经理，他们的艺术和家具展力图表达消费者与现代艺术共处的方式，以及现代艺术在提升日常生活品质方面的潜力。自然，阿尔托的家具和室内设计都是展会的中心看点。展出的家具，以著名

的可折叠三条腿曲木凳 60 为代表，木凳设计精巧，属于批量生产的标准化产品，极具现代感和经典气质。爱诺作为创意总监，负责公司创意工作的方方面面，从对已有家具设计的细微修改、室内设计策划，到新家具、灯光、屏幕、家用物件和纺织品的创意，都要监督。1941 年，哈尔死于芬兰与俄国的冬季战争，爱诺接管了他的工作，领导雅泰克度过了艰难的战争岁月，进入了成长阶段的第二个十年。

在爱诺的领导下，雅泰克公司完成了 80 多个室内设计项目，包括玛丽亚别墅，以及赫尔辛基马尔米机场的等候室、餐厅和候机厅（1938—1947）。公司参加了无数个欧洲贸易展会，将雅泰克的名字和进步思想宣言介绍给全世界。他们成熟的销售网络通过授权商覆盖了欧美零售

商和非洲、拉丁美洲。不过，他们最高端的客户实际上或许是阿尔托夫妇自己的建筑公司,因为他们后期所有的项目都采用了雅泰克家具,包括MIT学生宿舍贝克公寓(Baker House Dormitory，1949)，这是阿尔瓦在美国接手的最重要的一个项目,是在他作为MIT建筑专业客座教授时接受的委托。因此，可以说雅泰克与阿尔瓦的事业密不可分。爱诺作为雅泰克公司的经理和创意总监，她的开创性贡献也被归入公司的遗产之中。

　　1949年，爱诺突然离世，雅泰克成为她对20世纪的人类做出的最大贡献。"她为公司的创意和商业模式奠定的基调如今仍然受用。她的设计将艺术与科技、现代与本土、公共空间与私人空间这样的对立的概念联系起来，"雅泰克现在的经理玛丽安·戈博 (Marianne Goebl) 说，"从根本上说，爱诺·阿尔托是现代职业女性的楷模，与我们当代雅泰克团队（以女性为主）有着强烈的共鸣。"

对页: 玛丽亚别墅内，从起居室通往二楼的楼梯，1938—1939

上图: 雅泰克公司的展示厅，1939

爱诺·玛茜 – 阿尔托

梅嘉·伊索拉
Maija Isola

—

面料设计师，1927—2001

一个简单的花卉图案可以颠覆整个公司的命运，这并不奇怪。19 世纪 70 年代，英国的莫里斯工艺美术公司和 20 世纪初伦敦立伯蒂百货公司都因生产一种面料或图案而获得了巨大的成功。1964 年，当芬兰设计师梅嘉·伊索拉向客户麻里梅科纺织公司的负责人展示她设计的超大的罂粟花图案时，一个时代的分水岭出现了，尤其是伊索拉还明显违背了麻里梅科创始人阿米·拉蒂亚（Armi Ratia）的要求——用什么图案都行，就是不能用花卉。但梅嘉·伊索拉是个特立独行的女性，对她来说，自由高于一切。她对自己的设计方案的坚持不仅成就了她的作品，也代表了她对所有陈规戒律的态度。

上面所说的麻里梅科生产的图案"罂粟花"（Unikko）是 20 世纪在国际上最受瞩目的面料图案之一。在 20 世纪 60 年代的鼎盛时期，麻里梅科一天能销售 1500 米的这款面料。即便在今天，"罂粟花"也是最畅销的图案之一，

由它分解开的花瓣图案衍生出了 80 种不同的配色，意外地成了麻里梅科的标志，从火车内饰、飞机外饰，到文具、墙纸和纺织面料，这种图案被应用在了各种产品中。

伊索拉第一次引起阿米·拉蒂亚的注意是在 1949 年，当时还在赫尔辛基工业艺术学院学习的伊索拉刚赢得一个印花面料行业的奖项。她一直将自己定位为面料设计师，因此开始为普林泰克斯公司设计装潢用布。普林泰克斯是拉蒂亚夫妇 1949 年买下的油布公司，阿米·拉蒂亚负责图案的设计研发。拉蒂亚称他们的工作是"鼓励年轻人，主要是女性艺术家设计新颖的面料图案，前所未有的生动而具有艺术感的图案"。她表达的理念非常契合当时的时代要求。

连续的战争令 20 世纪的芬兰满目疮痍，人民意志消沉，芬兰人渴望释放。普林泰克斯公司希望能通过雄心勃勃的

计划、前卫的理念和欢快的色彩，重振芬兰人消沉的情绪。虽然当时他们拿出了充满积极、阳光之感的图案帮助芬兰人改变凄凉的心境，但人们不确定怎样在日常生活中运用如此大胆的图案。于是拉蒂亚在 1951 年成立了零售子公司麻里梅科，销售纺织品（两家公司很快合并成一家，共用麻里梅科这个品牌名）。拉蒂亚对花卉图案的完全否定正是因为她希望建立一个独特的品牌风格。为了区别于其他面料公司，她采用了一种完全现代主义的风格，优选简单的形状和单色图案。抽象、永恒、理性，它们可以打败时尚的各种变数。在这一点上，她与一些芬兰现代主义艺术家是一致的，如爱诺和阿尔瓦·阿尔托、提莫·沙佩涅瓦（Timo Sarpeneva）和塔比奥·威卡拉（Tapio Wirkkala）。随着经济的复苏，曾经的农业人口开始向城市转移，这些艺术家为二战后婴儿潮带来的人群所需的住宅和城市空间提供了具体的形式。他们乐观而富有远见，他们对民主设计的态度也被视为一种宝贵的资产。

与其他行业不同，19 世纪芬兰的纺织产业向工业化迈出的步伐在进入 20 世纪后陷入了停滞。甚至到了 20 世纪 70 年代，芬兰的面料工厂还依赖毫无精度可言的手工印花技术。而这种缺点却成了伊索拉期望应用在自己产品上的特色：她一方面督促技师提高能力，以复制出最细微的笔触，另一方面刻意将这种细微的差别和层叠的视觉效果做到极致。由于没有商业规模生产方面的专业指导，伊索拉和她的同行——安妮塔·旺格尔（Anita Wangel）、李·英格兰德（Li Englund）和娜娜·苏妮（Nana Suni）——必须自学工作中需要的基本技能。伊索拉的天性充满了矛盾：她不会因行业的需求而妥协，这让她有时显得毫无同情心，比如，她会坚持只在一个方向上使用图案（"泳者"，1970）；但她又对这种需求保持着积极有益的态度，比如，

她一直随身带着笔记本，里面详细地记录着她设计的图案细节，包括颜色、重复样式的大小和印刷订单的具体要求。

尽管伊索拉一直以忧郁的波西米亚人的形象示人，给人一种疏离之感（拉蒂亚曾经说她"穿着深色的衣服，像一只黑豹，或者美洲狮，有一点让人望而生畏"）。但她对周围世界有一种非凡的感知力。拉蒂亚很少要求伊索拉按照设计简报工作，但她的设计就像"罂粟花"一样，改写了麻里梅科公司的历史。菱形的"哈克基尼"（Harkekiini，1949）图案，设计灵感来自建筑的"城市"（City，1950）图案和单色的"几维特"（Kivet，1956）图案，它们都受到了当时仍处于萌芽阶段的欧普艺术几何图形和野蛮主义的影响。20 世纪 70 年代，随着时代和品位的变化，伊索拉创作了更多体现民间艺术和手工艺价值的浪漫主义图案，如"蕾沙拉"（Resla，1969）和"胡妮"（Hunni，1969）。到了 80 年代，她的关注点再次转移，如在"爱努斯图丝与奥林科"（Ennustus and Aurinko，1987）这个图案的设计中，伊索拉就采用了较为简单、色调黯淡的风格。

对行业传统甚至家庭（伊索拉的女儿克里斯蒂娜从小就和亲戚住在一起）都不是很在乎的伊索拉常常一消失就是数月，去探索意大利、西班牙、希腊、阿尔及利亚、美国和南斯拉夫等国家的文化和自然风光。这样的国际旅行，尤其是在巴黎的经历，让她找到了渴望已久的自由和灵感。博物馆、集市、咖啡馆、电影院、马戏团，尤其是百货商场，都是她灵感的产生地。这些地方给她带来了一种眼睛无法看到的东西，让她从对琐碎的日常生活的观察中感受到了刺激。

披头士乐队的歌词也能带给她灵感 [《你需要的只是爱》（All You Need Is Love，1968）中的"爱，爱，爱，爱，

梅嘉·伊索拉

爱⋯⋯"]；世界各地的杂志、集市和展览让她看到了艺术和设计世界的各种转变；弗洛伊德（Sigmund Freud）和荣格（Carl Jung）的心理学，以及康德（Immanuel Kant）的哲学思想也是她的灵感来源。但对她影响最大的是她的恋爱关系。她的女儿写道："坠入爱河以及相应而来的对一个人的关注会增强她在艺术创作时的感受力。"她与一个在伊斯兰剧院工作的埃及学者，阿哈迈德·阿尔－哈嘉吉博士（Dr Ahmed Al-Haggagi）陷入了持久而复杂的恋情，恋情对她的影响不断体现在她充满阿拉伯和埃及风情的设计中，如"萨顿科特加"（Sadunkertoja，1970）和"波瓦利"（Povari，1976）两个图案。不论伊索拉是投入还是逃离她的恋爱关系，这种情绪都会投射到她的设计中。与伊索拉合作的伙伴来自瑞典、英国、美国和芬兰，包括芬莱森福

尔萨公司和瑞桑恩公司，但麻里梅科一直都是她最主要的合作伙伴。阿米·拉蒂亚在1963年10月给伊索拉的信中写道："无论有多少种设计，我们需要的都是顶级的⋯⋯而我不想要别人设计的面料。"

伊索拉与拉蒂亚之间古怪又充满创造力的博弈促成了"罂粟花"图案的诞生。伊索拉的"罂粟花"生于叛逆，它既是对顽固否定花卉图案的一种反抗，也是20世纪60年代年轻一代反叛精神的体现。这个图案隐约与同年安迪·沃霍尔（Andy Warhol）的丝网版画"花"系列（Flowers Series）有着不少相似之处。"花"系列紧随沃霍尔的"头号通缉犯"系列（Most Wanted Men Series）之后，与"死亡与灾难"系列（Death and Disaster Series）相

吻合，被解读为一种讽刺性的"评论"。沃霍尔多年的助手洛宁·库特朗（Ronnie Cutrone，1948—2013）说："沃霍尔创作的'花'系列作品反映了运动中的都市、黑暗、死亡主题。作为装饰艺术，它的信息量相当庞大。"尽管他们对外表如此美丽的事物各自采取的处理手法在黑暗与紧张感上有一定的共性，但沃霍尔和伊索拉很可能并不知道彼此的作品。

虽然伊索拉不像沃霍尔那样有名气，但她与沃霍尔一样，对艺术作品的系列化和商业化带来的好处有着同样的理解。在后来的四十年里，伊索拉为麻里梅科做了五百多种设计，其中很多至今仍是该公司产品目录中的标准产品。伊索拉对国际艺术运动的预测能力、阿米·拉蒂亚的企业家精神，以及为建筑师、学者和其他文化政治人物所做的推广设计（即使她自己并不喜欢这些设计），这些都使麻里梅科为芬兰战后文化发展做出关键性贡献。一个小小的罂粟花图案就能产生如此大的作用，的确令人叹为观止。

多乐丝·普连格 Dorothée Pullinger

20 世纪 50 年代"设计小姐"The Damsels of Design

在路上
On the Road

在 2004 年的日内瓦车展上,瑞典制造商沃尔沃汽车公司推出了他们的 YCC 系列(Your Concept Car Series,你的概念车)产品。这款以"由女性设计,为女性设计"为理念的汽车被誉为行业首创。这也是一个由全女性团队在由男性主宰的传统行业中创造的一次创新飞跃之举,这无疑是沃尔沃公司的一次意义重大的举动,但绝非行业首次。女性为汽车设计的进步做贡献的历史跟整个汽车行业的历史一样悠久。1888 年,贝尔塔·奔驰(Bertha Benz)进行了首次汽车路面行驶测试;1933 年,与理查德·巴克敏斯特·富勒(Richard Buckminster Fuller)合作设计节能汽车的是女飞行家和驾驶员安娜·比德尔(Anna Biddle);20 世纪初,电影明星弗洛伦斯·劳伦斯(Florence Lawrence)发明了她称之为"自动信号摇臂"的东西,这是如今的信号指示器和转向灯的前身;在 1917 年,弗洛伦斯·劳伦斯的企业家母亲为自己发明的电动雨刷器申请了专利。即使这些发明可以被当成外行参与的偶然事件,但 20 世纪 20 年代,英国加洛韦汽车有限公司的多乐丝·普连格及其带领的全女性设计团队确实创造了一个了不起的历史先例。

出生在法国的普连格是在汽油味儿中长大的。她的父亲为法国很多早期的汽车制造商做过设计,后来被几家英国公司聘请,如胡弗汉顿市的阳光汽车公司和苏格兰佩斯利镇的威廉·比德莫尔集团。尽管父亲希望女儿远离工程设计行业残酷的以男性为主导的环境,但普连格还是决心追随父亲的脚步。1910 年,没有任何正式资历证书的多乐丝·普连格开始在佩斯利镇的艾罗－约翰斯顿汽车厂担任绘图员。经过四年的职业训练后,普连格向英国汽车工程师学会申请会员资格,但遭到了拒绝,原因是该学会的会员资格"仅限男性"。但一心要寻求挑战的普连格,在第一次世界大战中发现了机遇,并凭借自己的技能和激情脱颖而出。作为坎布里亚的维格斯军火厂的女主管,她负责管理 7000 名制造高爆弹的工人,其中主要是女工。

除了制定第一批学徒方案，普连格还动用自己的地位和影响力，成立了女性工程学会，经历了争议之后，她获得了英国政府颁发的帝国勋章（MBE）。

在这些认可的鼓励下，她重返苏格兰，再次进入汽车行业，接受更多汽车工程方面的培训，并担任艾罗－约翰斯顿集团子公司加洛韦汽车有限公司的负责人。这家由女性员工组成的工厂在那个时代非常了不起。加洛韦的品牌和标志采用了代表女权主义者的紫色、白色和绿色的配色方案。公司为签约员工提供图书馆，在图书馆屋顶上有两个网球场，还有一间写作室，里面配有钢琴。普连格认为女人学习的速度更快，因此加洛韦的学徒学习时间只有3年，而通常男性的学徒时间是5年。她的全女性团队从不愿浪费时间，一年之内她们就推出了加洛韦汽车。1921年，《轻型汽车与自行车》(*Light Car and Cycle*)杂志将这款汽车描述为"女性为自己设计的"。加洛韦汽车以菲亚特501为原型，但是更轻便、小巧，座位有所抬升，储藏空间更大，仪表板更低，方向盘也更小。有些型号将变速杆设置在车子的中间（而不是靠门边），并且第一次将后视镜变成了标准配件。此后，加洛韦汽车的各种型号都开始持续投入生产（1926年到1929年使用的是艾罗－约翰斯顿这个商标）。

最终，普连格得到了英国汽车工程学会的承认，成为该学会第一位女性会员，但随后，普连格的乐观和成就再次受到了挑战。由于经济大萧条和退役军人开始回归平民生活，她在工厂的地位开始慢慢难以维系。深受"她抢了男人的工作"一类批评的困扰，她最终还是离开了汽车行业。1928年，她再次定居伦敦，在那里为政府提供女性就业和工业生产方面的指导，除此之外，她还开了一家蒸汽洗衣店。在此之前，进口的蒸汽机从未在伦敦出现过。"洗衣店总不会抢走男人的饭碗了吧。"果然，在普连格的带领下，这份生意成功地持续到20世纪60年代。

普连格的经历在她的时代并不是独一无二的。20世纪40年代，当女性开始进入美国汽车行业时，相似的命运在另一些人身上就此展开。海伦·罗瑟（Helene Rother）和艾米·斯坦利（Amy Stanley）分别在1943年和1945年加入通用汽车公司，在当时甚至引起了小小的轰动。到了20世纪50年代，通用汽车公司设计部门的副主管哈利·J. 厄尔（Harley J. Earl）意识到由女性设计师为女性设计汽车存在的潜在积极推动力，于是开启了一场声势浩大的招聘活动。当时通用汽车公司的一篇新闻稿说："每出售十辆汽车，其中七辆的购买决定就是由女性做出的……我们的女性设计师正在为大家设计以女性为中心的汽车。"厄尔团队的大部分雇员来自布鲁克林普瑞特艺术学院（Pratt Institute）工业设计系，包括马乔莉·福特·波曼、鲁丝·格伦尼、格尔·卡瓦诺（Gere Kavanaugh）、珍妮特·林德、桑德拉·朗叶、佩吉·绍尔和苏珊·范德比尔特等，她们被称为"设计小姐"。这是美国历史上第一支全由

对页上图： 加洛韦汽车有限公司早年女性员工的照片（印在公司的《受教育女性的工程》小册子中），1917

对页下图： 普连格在试驾一辆加洛韦汽车，1924

Semi-Automatic Lathes.

女性组成的设计团队。

由于二战后乐观主义的势头良好，20世纪50年代后期是个令美国设计师意气风发的时代，特别是对底特律的设计师而言。通用汽车、福特汽车、克莱斯勒汽车、赫曼·米勒家具和埃罗·沙里宁事务所等思想进步的公司全都坐落于此，使这里成为美国设计界的中心。格尔·卡瓦诺回忆："这里有一种环境、一种氛围，你会觉得你正在通过设计更好的产品，创造更好的世界。"

除了展览和产品设计，如为北极牌电器设计外观，"设计小姐"在底特律的工作主要是对汽车内部进行设计。从车门到座位装饰细部、配件、颜色和面料（随时要注意避免各种潜在的隐患，比如，哪里可能会勾住女人的尼龙丝袜），一切都要设计，涉及的品牌包括雪佛兰、别克、凯迪拉克、奥尔兹莫比尔和旁蒂克。虽然这些都很重要，不过对以设计外部车身为重头戏的领域来说，这些都是很枯燥的活计。团队还有一些更有野心也更持久的创意，包括早期的车载电话系统、巧妙隐蔽的器材箱、可伸缩安全带和可通过仪表板控制的儿童安全锁扣等。随着郊区范围的不断扩张，日常通勤（和家庭对中等汽车的需求）成为设计需要解决的重要问题。通过设计小姐团队的这些创新，汽车逐渐变得更像家居空间，几乎如同家中的客厅，具备了现代家庭所需的便捷设备。

设计小姐团队曾在通用汽车的推广影片中亮过相（虽然现在看来让人觉得不舒服，也不合时宜），还经常在一些汽车展销会上出现，证明自己曾为汽车内饰的改进做过贡献。苏珊·范德比尔特记得这些场合，她们"非常开心能向男性同胞证明，我们进入这个行业不是为了给座椅靠背增添一点蕾丝花边或给脚垫增加几颗莱茵石，而是尽我们所能让汽车对男人和女人来说都既实用又美观"。

在大部分情况下，卡瓦诺、范德比尔特等女设计师

都能够凭借自己出色的工作表现摆脱日常会遇到的歧视,但工业设计行业内根深蒂固的性别歧视依然是影响她们晋升的一道无法跨越的障碍。范德比尔特说:"让大多数人苦恼的是,我们从未以'设计师'的身份被承认。我们总是被称为'女性'或者'女性设计师',但作为设计师,我们跟男人的设计能力是完全一样的。"致命的一击来自1958年,思想前卫的哈利·J.厄尔退休了,他的继承者比尔·米切尔(Bill Mitchell)在接任时声明:"我的高级设计师身边不准有女性。"到了1960年,女性设计师的心态发生了转变,她们希望得到更多的认可和提升,于是纷纷在别处发展了成功的事业。

在去世三年前,范德比尔特回顾了自己的职业生涯和激励她逆流而上坚持设计的原因:"让一位设计师坚持不懈的原因,是你从不觉得满足,你要不断地追求完美、追求有创意的新答案。"女性工程师的创意和主张总是被忽视,这在半个世纪后的日内瓦的汽车产业中仍然屡见不鲜,是一种令人不适的文化现象。

奈利·奥克斯曼
Neri Oxman

—

设计师、建筑师，1976—

大自然是一个杰出的工程师和制造者，人类能够从它身上学习和应用在建筑环境上的经验是无穷无尽的。但与建筑环境不同的是，自然并不将设计视为一种在流水线或建筑工地上组装起来的预制的、功能单一的组件系统，相反，大自然中的设计是会生长的。想想蜘蛛网或者树皮，它们由单一的组织经过数分钟、数周，甚至数个世纪有机地发展、组合而成，可以达成多种目的——保护、滋养、维持生命、美观。"如果大自然是美丽的、可持续的，"奈利·奥克斯曼问道，"为什么我们不能制造出持久而美丽的东西呢？"这是一个崇高的追求，也是奥克斯曼和她的 MIT 媒体实验室介导物质研究团队不断前进的动力。

作为一名设计师、建筑师、医学学者和研究人员，奥克斯曼的关注点非常简单，就是理解如何培养产品，而不是组装产品。她的工作是分析自然界的生物如何生长、愈合、适应，她希望能够利用这些经验来改变设计思维，将后工业化、数字化的生产变成生物时代的生产。

从大自然中汲取经验的想法并不新鲜。爱诺和阿尔瓦·阿尔托、蕾和查尔斯·伊姆斯以及弗兰克·劳埃德·赖特（Frank Lloyd Wright）都要将目光投向有机形式的设计。蜂巢结构的完整性就影响过很多设计作品，在弗兰克·盖里（Frank Gehry）1971 年设计的瓦楞纸板系列（Easy Edges）家具和丹麦 B.I.G. 公司 2017 年在巴哈马建的住宅群的蜂巢立面中都有体现。尤里斯·拉尔曼（Joris Laarman）在 2006 年利用骨头和树木生长的数学模型，设计了一系列椅子。这种椅子既能够承重又不需要用材料来填补"虚空间"。茱莉亚·洛曼（Julia Lohmann）用海草做的先锋实验也扩充了设计生产中可替代和可持续材料的清单。

在这种演变的前提下，奥克斯曼的研究带来的是四种

不同领域的融合：计算设计（通过电脑编程设计复杂的图形）、增材制造（3D 打印或通过增加材料而不是削减材料来制造零件）、材料工程（在高分辨率条件下控制材料）和合成生物学（通过基因编辑来设计新的生物功能），奥克斯曼和她的团队在这些领域的交叉地带进行着创作。她的研究被称为"材料生态学"，在当时和之前的时代都是独一无二的。为了进行研究，介导物质研究团队需要首先研发出自己的工具、算法和技术，然后才能开始生产。或许最后一步——真正的生产环节——是最为简单、直接的，却也是最能得到回报的。

　　纽约现代艺术博物馆建筑和设计高级策展人宝拉·安东内利是该研究的长期支持者。她眼中的奥克斯曼是一个"博学而严谨的学者，也是一位出色的设计师，更是最重要的先锋思想者和制造者之一"。有趣的是，奥克斯曼来到 MIT 的过程却像一个自然养成与后天培育相互抗衡的个体写照。奥克斯曼出生在以色列，家族中有不少建筑师。为了打破这种模式，

上图：《丝馆》，2013　　对页：奥克斯曼为音乐人设计的可穿戴的洛特莱斯面具，2016

她进入耶路撒冷希伯来大学学习医学。但两年后，她转到了以色列理工学院的建筑系，之后又去了伦敦的建筑联盟学院，并于 2004 年毕业。在 MIT 时，她加入了一个建筑系的博士项目，将自己多个学科的知识运用在材料感知设计理论上。这颗种子很快在介导物质研究组生根发芽，这个小组是她在 2010 年入职 MIT 后建立的。据安东内利说，在整个研究生学习阶段，她的目标是不仅要通过应用自然界的设计原理来增强建筑环境和自然环境之间的联系，还要在设计和建造的过程中科学而有技巧地融入自然，同时兼顾审美需求。

为了说明这种差异，奥克斯曼比较了两座穹顶结构：20 世纪备受尊敬的美国建筑师理查德·巴克敏斯特·富勒设计的测地线结构和将 6500 只蚕释放到数码框架中完成的结构——这也是 2013 年介导物质研究组的项目之一。奥克斯曼说："前者由无数钢制零件组成，是要根据计划放置在自然中的；后者由有机的丝线构成，是与大自然一起合作而成的。"奥克斯曼团队 2013 年完成的这个作品

叫《丝馆》，其意图不是简单地将蚕作为制造建筑结构的生产力，而是分析蚕结茧的过程，并利用得出的算法来制造一种最佳的环境，引导蚕在不是它们自然栖息地的结构中结茧。随着蛹的孵化，将产生无穷无尽的可能性。如果说仿生学是将从自然中汲取的方法付诸实践，以创造新材料、新设备和新系统，那么《丝馆》则是一种超越——它使用真正的纺纱机来实践原理和系统。

奥克斯曼工作的核心是研究增材制造工艺和 3D 打印方面的转型。她的一些大胆的作品包括为歌手比约克（Björk）和时装品牌艾里斯·范·荷本设计的 3D 打印的可穿戴材料，为腕管综合征患者定制的手腕托。每一件作品都根据用户的独特需求设计，并且将其设计得如同人的第二层皮肤，像身体的延伸。

虽然 3D 打印属于前沿的创新技术，但真正的打印工艺还需要依赖熔融材料，这些材料中很多是有毒性的，或者会污染环境。为了使这项技术更符合可持续性发展的要求，奥克斯曼研究了很多可生物降解的或与生物相容的材

料，特别是几丁质——一种在甲壳类动物身上发现的生物聚合物，它是地球上产量最丰富（也是最古老的之一）的生物聚合物之一。当时，波士顿的一家餐馆收到了一份奇怪的外卖订单，然后他们将准备丢弃的海鲜壳送了过去。这些海鲜壳被介导物质研究组做成了水溶性的材料——甲壳胺，也叫几丁聚糖。研究组提前发明了可以处理这种材料的打印机，然后将甲壳胺研磨成可打印的糊状，开始着手将这种材料设计成食品袋、可穿戴的物品、建筑构件的原型等，所有这些东西在与水接触时都是可生物降解的。这是研究上的一个飞跃，因为团队拓展了这项技术的实际应用领域，将会对材料经济学产生深远的影响——更不用说在环境方面的重大意义。"设计与生物之间的密切关系导致了一种转变，即作为地理资源被消耗的自然界变成了被设计的生物资源，而这场从消耗到培养的进程正在加速。"奥克斯曼如是说。

在奥克斯曼众多具有革新意义的项目中，最具商业价值的项目之一是独特的 3D 打印熔融玻璃（G3DP）技术。与压制玻璃或吹制玻璃不同（这两种玻璃在制作过程中会自然出现平顺的内表面），G3DP 技术可以喷出一层又一层的熔融玻璃层。这类玻璃会因为内表面和外表面的相互作用而产生独特的纹理，这些纹理会折射和反射光线。经过改进的第二代 G3DP 技术已经适用于建筑结构，熔融玻璃像大型的光学透镜一样，可以聚集和发散太阳能。

"新技术会对建筑环境产生影响，作为建筑师和设计师，我们需要不断对这种影响提出质疑。但更重要的是，我们也必须在未知和模糊的领域体验乐趣，"奥克斯曼说，"我相信在梦想与建筑之间存在着平衡。"这种平衡将奥克斯曼推到了一门新设计学科的前沿。介导物质研究组的目标不是解决问题，而是发明新技术，提供能让人们与自然界建立友好关系的新方法。如她所说："如果足够幸运的话，我们会发现新的方法来解决那些之前可能根本不知道其存在的问题。"

通过对理论和功能、测试和应用、规划与现实的摸索，她为这个行业引入了一种新的理解和适合的目标。作家海蒂·莱格（Heidi Legg）将之描述为"将人性与反思带入瞬息万变的智能化、全球化、数字化景观中，并带来了无限的可能"。或许最后应该由奥克斯曼做总结："这是一个设计与创造的新时代，它带着我们从被自然界启发的设计迈向被设计启发的自然界。这是有史以来第一次人类可以孕育自然。"

对页上图：用第二代 G3DP 技术制作的四叶柱的立面图，2017

对页下右：为时装品牌艾里斯·范·荷本设计的 3D 打印裙子，2013

对页下左：为腕管综合征患者定制的手腕托，2009—2010

诺玛·梅里克·斯科拉雷克

Norma Merrick Sklarek

建筑师，1926—2012

在美国建筑史上，诺玛·梅里克·斯科拉雷克是个独一无二的存在，她于 1954 年通过了纽约州的考试，成为第一批获得建筑师执照的非洲裔美国女性之一；1962 年，她成为加利福尼亚州第一位获得执照的黑人女性建筑师；1980 年，她成为第一个荣获美国建筑师协会会员资格的黑人女性。作为一个建筑师，她参与过很多类型的建筑项目，包括购物商场、机场候机楼、高层办公楼、旅馆、医院和公寓楼等，她具有开拓性的职业生涯也为她的民族和性别创造了很多第一次。在获得美国建筑师协会最高荣誉奖项提名时，她说："这是个有性别偏见的称号，但我还是接受了！"正是斯科拉雷克的耐心、乐观，还有非凡的意志力，让她克服了一路走来遇到的无数障碍。

斯科拉雷克出生在纽约市，父母都是特立达尼人。童年的她在哈林区（纽约曼哈顿的一个社区，是 20 世纪美国黑人的文化与商业中心）受到了哈林文艺复兴时期丰富的文化、社会和艺术方面的影响。20 世纪早期被认为是美国黑人艺术复兴的时代，但可悲的是，在复兴中发展起来的众多艺术中，建筑成了缺失的一环。据美国少数民族建筑师协会的梅尔文·米切尔（Melvin Mitchell）说，建筑"被视为难以企及的艺术，因此也变得不受欢迎"。在 20 世纪 30 年代，美国只有六个从业的非洲裔建筑师，对年轻的斯科拉雷克来说，可以学习的榜样少之又少。她的父亲是个医生，也是处在哈林文化发展中的进步人士，父亲培养了她早期对建筑的兴趣。作为家中的独生女，她在父母的鼓励下培养了传统女性活动之外的兴趣。在美国经济大萧条期间，她还要帮父亲做木工活儿、出海打鱼、维修房屋。她的父母注重培养她在艺术和数学方面的能力，为了让她能去亨特高中读书，甚至还对住址造了假。亨特高中是曼哈顿上东区的一所高级女子公立学校，该校很多毕业生都

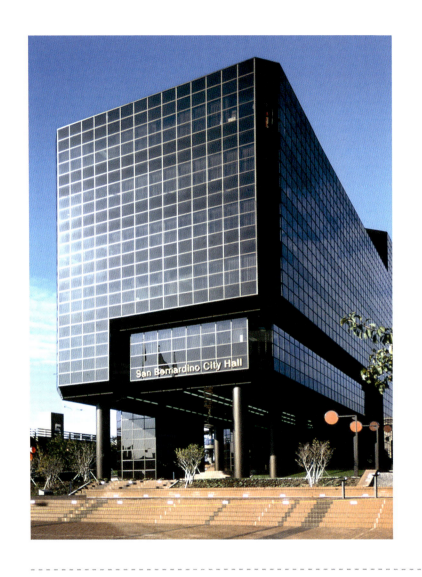

左图：加利福尼亚州圣
贝纳迪诺的市政厅，
1965

对页：加利福尼亚州旧
金山的福克斯广场，
1966

能考入常春藤名校。虽然同学和老师时常让她觉得自己"低人一等"，但她还是凭着顽强的意志考入了伯纳德学院，后来又进入哥伦比亚大学深造，1950年成为该校建筑学院仅有的两位获得学士学位的女性之一。

当时美国的建筑公司中鲜有女性，黑人女性更是少见。毕业后，诺玛申请了19份工作，全部遭到拒绝。"他们不招女性，也不招黑人，我当时都不知道是哪条规定在跟我作对。"她在2004年接受《帕利赛德邮报》（*Palisadian-Post*）的采访时说道。经过不懈的尝试，她终于被纽约公共

工程部聘用，成为一名初级绘图员，同时还在准备让人精疲力竭的建筑执照考试。诺玛第一次就通过了考试，之后在SOM建筑设计事务所纽约办事处工作了五年，于1960年前往美国西部，寻找"改善人们家居、办公和娱乐环境"的机会。

斯科拉雷克记得自己早年在洛杉矶的格伦联合建筑事务所工作时受到过不同的对待。"我才入职一周，老板就来跟我说上班迟到的事，他根本没注意到那个每天开车载我上班的年轻人两年来几乎天天都迟到。"1985年，她告

诉《加州建筑师》（*California Architect*）杂志的记者："我决定买一辆车，因为我是被高度关注的员工，必须按时到岗。"由于她擅长交际、意志坚定，比默默无闻的男同事更有魄力，很快便在领导层崭露头角，并于 1966 年成为公司的主管。作为负责后期施工的建筑师，她的职能是将同事展示给客户的方案转化成真实的建筑，监督地标工程的实际施工，执行计划，在必要时对方案做出调整，实时解决设计问题。这是要求非常高的工作，极为劳神费力。

她的专业能力体现在她参与合作的很多重要项目上，

包括圣贝纳迪诺的市政厅（City Hall in San Bernardino, 1965）、旧金山的福克斯广场（Fox Plaza, 1966）、印第安纳州哥伦布市的下议院和法院中心（Commons and Courthouse Center, 1975）以及太平洋设计中心（Pacific Design Center, 1975）。太平洋设计中心位于西好莱坞，是用来展示家具等设计产品的巨大的现代化中心。"她非常善于把整个设计方案进行整合。"美国建筑师协会前主席马歇尔·珀内尔（Marshall Purnell）说。尽管已经成为主管，并且能力超群，但她从未获得公司首席建筑师的职位。公司担心保守派的客户对黑人女性的反应，这一点限

制了她的升职。除此之外，她作为负责后期施工的生产建筑师所取得的成就也没有得到应有的认可。在格伦联合建筑事务所与著名阿根廷建筑师西萨·佩里（César Pelli）合作的所有项目中，只有美国驻日本大使馆（US Embassy in Japan，1978）项目中，斯科拉雷克的专业贡献得到了承认。

2016 年，《建筑评论》（Architectural Review）杂志调查了行业内的性别偏见问题，83% 的受访女性认为生孩子会让她们陷入不利的境地，这个数字让人了解了建筑行业内令人不安的偏见和文化现象。尽管斯科拉雷克面对着如此巨大的障碍，但在母亲和丈夫的支持下，她还是一边养家糊口，一边扛起了开创性工作的重担。"你无法拉诺玛去参加一些消遣活动，"年轻时曾经受雇于斯科拉雷克

的建筑师罗兰德·威利（Roland Wiley）说，"她要求自己按时完成工作，而且工作要精益求精，下班之后还得回家干自己的事。"在民权运动兴起的时代背景下，斯科拉雷克开始坚持自己的领导权力。她的儿子大卫·梅里克·费尔梅瑟（David Merrick Fairweather）写道："在她聘请和解雇的人中，有很多是白人男性。想想看，这可是在'平权法案'一词出现之前的事。"1980 年，她加入了威尔顿·贝克特联合建筑事务所洛杉矶公司，为当时耗资 5000 万美元的洛杉矶国际机场（Los Angeles' LAX Airport）的国内航班候机楼做项目总监。这项工程计划要容纳 1984 年夏季奥运会带来的巨大游客量，她凭着对公共空间所具有的建筑责任的敏锐性，提出要以安全、乘客需求和人流量为核心。作为第一家完全由女性员工组成的设计公司——西格尔·斯

科拉雷克·戴蒙德事务所（SSD）的合伙人，她在 20 世纪 80 年代后期不断地突破局限。虽然 SSD 的运营时间相对较短，但斯科拉雷克的经验和人脉资源保证了公司项目的完成。

斯科拉雷克也是一位孜孜不倦的教育者。即使在退休后，她仍致力于分享自己的经验，培养有志向的建筑师参加执照考试。虽然她自己没有行业榜样，但她让自己成了行业的榜样。美国建筑界有执照的从业黑人女性的数量在过去几十年里翻了四倍，但在近 91 000 名持证建筑师中只占 0.2%。斯科拉雷克自然希望这个比例会越来越高，而要促成这种变化，她的角色是非常重要的，因为她既是榜样，也通过自己无私的努力对号称"白人男性俱乐部"的建筑界产生了巨大的影响。

莱拉·维格纳利
Lella Vignelli

—

建筑师、设计师，1934—2016

　　50 多年来，莱拉和马西莫·维格纳利并肩合作，他们之间是一种共生关系。他是一个理想主义者，一个有远见的人；她则注重实用与理性。他们的个人生活和职业生活密不可分。这两个个性互补的人最初在意大利相遇，后来在纽约携手设计了很多广为人知的作品，如为博洛茗百货公司设计的棕色购物袋，为海勒公司（Heller）设计的堆叠餐具，为英国大东北铁路公司设计的制服和车厢内饰，还有为纽约市地铁设计的导视系统。简单地说，从 20 世纪 60 年代中期之后，维格纳利夫妇的设计几乎无处不在。虽然莱拉可能因为负责三维（室内、产品和展览等）设计为人们所熟知，马西莫则负责平面设计，但他们之间从来没有任何等级之分。马西莫的一句话经常被引用："不是用两双手握住一支笔才叫合作，合作是要分享创意，进行创意批评。"

　　不过，与同时期很多夫妻组合一样，莱拉对 1960 年与马西莫合作创建的公司的专业投入往往被懒惰（有时是大男子主义）的媒体妄加贬低，或者媒体是纯粹出于不明真相，将她报道成丈夫背后的贤内助。这是他们一生中从未真正打赢的持久战，但凡见过优雅、博学的莱拉的人，都会明白两人中是谁在统领全局。公司前员工迈克尔·贝鲁特（Michael Beirut）说他从马西莫那里学会了"如何成为一名好的设计师"，而从莱拉身上学会了"如何成为一名成功的设计师……天赋和激情是必需的，但你还得有脑子，要精明、自信，要有不懈的动力"。而这就是莱拉。

　　艾莱纳（莱拉）·瓦尔 [Elena (Lella) Valle，莱拉·维格纳利的本名]1934 年出生于意大利乌迪内的一个建筑师家庭。尽管她努力想挣脱家庭传统的束缚，投身新闻事业，但 1951 年她与能言善辩的年轻建筑绘图员马西莫的偶然相遇，决定了她未来的发展道路。莱拉与马西莫双双被威尼斯大学建筑学院录取，两人1957年结婚后，很快去了美国，花了两年时间在那里学习、旅行、做设计。她为SOM建筑设计事务所工作，而他则为美国集装箱公司（CCA）工作。签证过期后，他们回到米兰，创建了艾莱纳和马西莫·维格纳利建筑设计工作室（Elena and Massimo Vignelli Studio for Architecture and Design），为重视设计的欧洲公司做展厅和平面设计，如奥利维蒂打印机公司、倍耐力轮胎公司和兰克施乐公司。在此阶段他们首次合作进行产品设计，制作了造型简洁的彩虹色海勒堆叠餐具（Heller Stacking Dinnerware），使用的材料是三聚氰胺。这个非常有特色的模块化设计为两人赢得了他们的第一个奖项——1964年的金圆规奖。

随着客户和订单的急速增加，维格纳利夫妇的竞争对手也在增多。米兰作为二战后意大利经济复苏的中心，成为设计界翘楚的会集之地，因此令人倍感压力。在杂志《眼》（Eye）的一次采访中，马西莫说："没过多久，到处都是设计人才，我们的压力非常大。"1965年，他们决定去纽约发展，像美学传教士一样，尝试用自己的现代设计理念和欧洲设计师特有的敏感在美国开辟新天地。尽管他们的意图是非常严肃的，但幸运的是，他们用自己

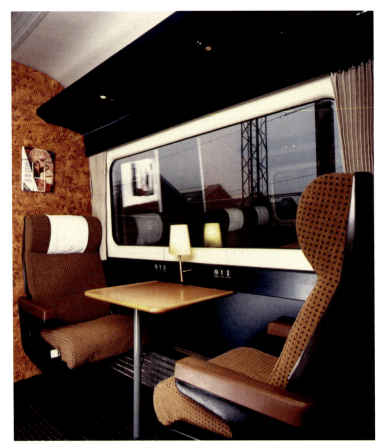

左图及下图：英国大东北铁路火车内景，1997　　**对页：**CIGA酒店的银餐具，1979

　　当代女性先锋设计师

的热情、慷慨和幽默成功避开了来自美国本土的傲慢"礼遇"。

应 CCA 前同事拉尔夫·艾克斯特罗姆（Ralph Eckerström）邀请，马西莫成为尤尼马克设计公司（Unimark）的联合创始人。尤尼马克是最早的现代设计咨询公司之一，致力于为企业打造品牌整体形象，这一概念现在也非常流行。由于按照当时公司的规定，莱拉不能与丈夫在同一家公司工作，因此她只能勉强退居幕后，做一个自由咨询顾问。尤尼马克一度非常成功，但最终（也许是不可避免地）他们还是选择离开，转而成立了维格纳利联合公司（Vignelli Associates，1971），后来改名为

维格纳利设计公司（Vignelli Designs，1978）。夫妻俩终于得以再度联手进行设计。

欧洲文化对他们的影响根深蒂固。莱拉在意大利乌迪内的山区长大，身边的人大都少言寡语，这种环境影响了她的设计理念，让她更喜欢在设计中做减法而不是做加法，愿意用精简代替繁复。她设计彩石系列餐具（Colorstone Collection of Tableware，1986）的过程，是先给每个餐具蘸点彩色的釉，再将边缘擦得干干净净，清除掉釉彩，如此陶瓷未加装饰的天然美感便显露出来，陶瓷本身的纹理和颜色成了一种极富装饰感的细节。在设计纽约曼哈顿中城区的圣彼得教堂（Saint Peter's Church，1977）内部

空间时，他们在所有地方都运用了一样的原则——布局、座椅、祭器，甚至管风琴。他们将主要材料限制为四种（橡木、亚麻布、金属银和花岗岩），并使用组合式的模块平台系统，将材料模块重新排列以适应不同功能空间的需求，在兼顾流动性和经济性的同时，呈现了优雅的风格。

莱拉和马西莫无视 20 世纪 70 年代设计行业追求奢华风格的风气，以精雕细琢的极简主义风格领先于时代，使这种设计理念在未来几十年里席卷整个设计界。但若说是他们预料到了某种时尚趋势，会让他们非常愤怒。对他们来说，时尚是"粗俗的"，后现代主义更是如此。他们虽然是因为自由而选择来到美国的，但仍对欧洲传统的建筑思想怀有敬意。他们认为自己是"少即是多"现代主义理念的继承者。确实如此，他们十分迷恋 20 世纪 20 年代在艾琳·格雷带动下流行起来的漆艺家具，因此，他们在 1964 年设计了采用皮革和烤漆工艺的萨拉托加沙发（Saratoga Sofa）。20 世纪中期，漆艺家具逐渐走向衰落，直到 70 年代，格雷的原作才开始在拍卖会上出现，而当时的漆艺家具爱好者查尔斯·斯登迪格（Charles Stendig）也开始在美国进口欧洲家具。这一切都验证了维格纳利夫妇对现代主义的信心。

莱拉曾在意大利接受训练，对意大利设计师来说，在产品设计、平面设计等领域间跨界是非常正常的。莱拉凭直觉在各个学科之间穿梭，如同文艺复兴时代的女士来到了现代。但是这种她觉得再平常不过的情况却让她在美国碰到了"专业壁垒"带来的窘境。据莱拉说，她的专业能力和跨学科设计的特点（如今广受赞誉）在当时过于超前，因此，他们很多订单都来自具有相似文化背景或理解力的公司，如一些想要在美国扩大影响的大型欧洲企业，或是一心想要赢得国际关注的美国公司。这让莱拉和马西莫的公司履历中充满了重复性质的作品，如为桑那-霍斯曼家具公司、诺尔家具公司、卢臣泰公司设计的家具，还有为纽约巴尼斯精品店、阿特米德灯

当代女性先锋设计师

莱拉·维格纳利

SARATOGA GROUP - designed by Elena & Massimo Vignelli -
Chair and sofas with lacquer frame, in glossy red, black or
white, with cushions in red, black, natural leather, or C.O.M.
35-1/2''d., 24''ht., 15-3/4''seat ht.
#851-club chair 35-1/2''w.   #852 - 2 seat sofa 59''w.
#853-3 seat sofa 83''w.
#290 table - glossy lacquer colors as above, 35-1/2''x35-1/2''x12''ht.

STENDIG INC.
410 EAST 62 ST.
NEW YORK, NY 10021

对页上图及下图: 纽约曼哈顿市中心的圣彼得教堂内景,1977

上图: 为波尔特隆诺瓦家具公司设计的萨拉托加沙发,1964

具公司和斯蒂尔凯斯家具公司设计的室内空间和展厅,以及为圣洛伦索设计的珠宝。但客户对他们的忠诚度令人羡慕,这种客户忠诚度直到今天也很难有企业企及。

遗憾的是,后来莱拉由于患有阿尔兹海默症而无法维持工作。当她虚弱到无法说话时,马西莫发表了《莱拉·维格纳利的设计》(*Designed by: Lella Vignelli*,2013)以表达对妻子的敬意。在这篇充满柔情的文章里,马西莫称赞她为"启发了所有凭借自己的价值获得独立的女性设计师"。莱拉的价值正如她的座右铭所言:"做对的事,就会成为永恒。"

艾琳·格雷

Eileen Gray

——

建筑师、设计师，1878—1976

1972 年，当艾琳·格雷的一件早期设计作品在巴黎拍卖时，几乎没人知道它的设计师艾琳·格雷尚在人世，且不说 94 岁的她还在法国波拿巴街的公寓里孜孜不倦地工作着。如果说拍卖商让·皮埃尔·卡马德（Jean Pierre Camard）当时对拍卖格雷的这件作品——为女装设计师雅克·杜塞（Jacques Doucet）设计的莲花桌——感到忐忑不安的话，那么就是面对她的指责他无以招架。格雷说："我不认识这件作品……做出这种东西是可耻的……我想请你毁掉它。"因为担心格雷说这张桌子是赝品，卡马德一直没有拍卖它，直到了解到格雷只是讨厌她这件创作于 1913 年的作品上的丝线和琥珀色的装饰。后来莲花桌在拍卖会上以 61 000 法郎（大约相当于 80 000 元人民币，对于单件家具来说，这算得上一个惊人的数字）的价格成交，但格雷还是不依不饶："这并不代表这件作品就是好的，只能说明桌子很贵，仅此而已。"

作为一个在男性主宰的世界中工作的女性，一个自学成才的从业者，一个在法国生活的爱尔兰侨民，格雷始终是一个局外人。她的态度——对自己的成就满不在乎，不断地质疑一切——不可避免地阻碍了她的名气的传播，甚至在 1976 年她去世后，人们也难以理解她的态度。或许也正是这种严苛而多变的行事方式，让艾琳·格雷能够做出 20 世纪最有创造力的设计，让她的作品成为如今举世闻名的设计案例。

格雷的身上有着明显矛盾的特质：身材娇小、谦逊到没有存在感；同时又极为专注、灵活多变，具有超乎寻常的独立精神。1878 年，凯瑟琳·艾琳·格雷出生在爱尔兰韦克斯福德县恩尼斯科西镇一个富裕的大家族，是家中最小的孩子。她先是拒绝去伦敦斯莱德美术学院接受贵族教育，很快再次"辜负"了父母的期待，在世纪之交，她拒绝了伦敦的雾，接受了巴黎的电。虽然我们对她的私生活了解甚少（不愿暴露私生活是她一贯的个性，她晚年时烧毁了所有的私人信件和纪念物），但可以知道的是，在这段时期她脱下了维多利亚式的华服，欣然接受了当时巴黎的时尚：剪短头发，结交情人，一反平日的低调，公然在汽车后座上载着情人的宠物黑豹，招摇地行驶在巴黎的大街上。

格雷从未在欧洲的时尚设计学院或艺术协会学习过，没有在当时主要的建筑事务所做过学徒，也没有得到过有影响力的男性导师的指导[像夏洛特·贝里安就跟随过柯布西耶和让·普鲁维（Jean Prouvé），爱诺有阿尔瓦·阿尔托，莉莉·瑞希则有密斯·凡·德·罗]。虽然不具备这些女性同行的优势，但格雷还是利用自己的特点开创了事业——敏锐的直觉、毅力和不懈的创新。

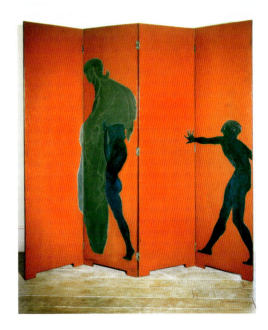

她一心要学习漆艺。当时漆艺使用的材料比较稀少，人们对其知之甚少，而且漆艺技术很难掌握，对艺术家的要求很高，但这对格雷来说却是个理想的选择。她得到了菅原征三（Seizo Sugawara）的耐心指导，菅原征三是一个从日本北部乡村来到法国巴黎的女艺术家，因为掌握精湛的传统漆器手艺而闻名。格雷将从她那里学习的古老技术用于现代艺术的创作。

她喜欢对比极端鲜明的设计风格。起初，她在漆器上刻画出新艺术风格的曲线，并嵌入沙子和香烟盒的箔纸，描绘出具有寓言意味的场景，如在 1914 年设计的屏风画《命运》。后来她在作品中摒弃了这种充满异国情调的元素，转而采用现代抽象主义的直线、简朴的平面和不加修饰的表面。可以说，主要是因为格雷的成功，漆器才在 20 世纪 10 年代末受到收藏的追捧，她的才华也备受推崇。格雷为时尚女帽制造商马修·莱维夫人（Madame Mathieu Lévy）设计的洛特街公寓，既体现了装饰艺术的奢华，又展现了现代艺术运动的纯粹。拥有异国情调的家具[包括后来被伊夫·圣·洛朗（Yves Saint Laurent）收藏的"龙椅"（Dragon Chair）]、现代化的照明灯具、毛皮地毯和沙发罩、涂漆的墙板，格雷通过将粗与细、深与浅、硬与软的元素并置，创造出强烈的对比效果。

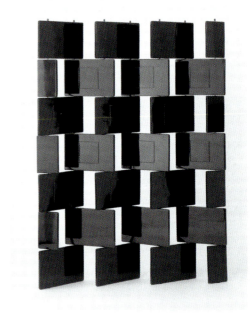

洛特街公寓被赞誉为现代奢华生活方式的典范。为了让自己的设计得到更多关注，格雷于 1922 年在圣奥诺雷大街开了一家名叫让·德赛特美术馆的工作室。尽管当时有很多设计师都在巴黎开设这类出售自己作品的工作室，但是格雷是其中最早的女性设计师之一。显然，她为自己的工作室虚构了一个法国男性的名字。由于受到建筑艺术思潮的吸引，她逐渐脱离早期对自然材料、简单形式和手工制作的关注，开始追求新技术和新风格的设计语言，用现代主义的眼光看待工艺结构以及功能主义形式和材料——特别是混凝土、金属和玻璃。

她在学习漆器时养成的习惯——对于时间和材料的理解——在她后期作品的节奏、触觉和空间品质中都得到了延续。在她手中，冰冷的现代主义审美转变为有血有肉的鲜活风格。当时的评论家和后来的历史学家也努力用简洁的语言来评价她的作品。1917年，英国《时尚》（*Vogue*）杂志有一篇文章认为她的作品"受到现代主义者的影响……但她是独树一帜，独具自由表达方式的"。

她用皮革和钢管做的必比登椅（Bibendum Chair）和 E-1027 玻璃钢管桌（E-1027 Glass and Tubular Steel Table）如今被视为现代主义家具设计的典范，但格雷从来没有将自己和作品限制在现代主义的条条框框里。"现代主义设计师夸大了技术的一面。"她写道。相反，她将精力更多地投入提高产品使用者的生理和心理舒适度上。在她设计的家具和空间中，个人需求是首要的，她将"居所当作生物体来设计"，以服务"内心生活的空间"。

1929 年，51 岁的格雷在法国里维埃拉完成了她的第一个建筑设计。她没有接受过正式的建筑设计教育，只在与建筑师，如柯布西耶的合作中观察过建筑设计流程，但她完成了一个精彩的、具有先锋性质的建筑作品，甚至可以说这个作品在现代主义真正确立之前就表现出了现代主义的精神。这座建筑是一栋位于海边的房子，是她为自己和情人——罗马建筑师及作家让·波德维奇（Jean Badovici）设计建造的。房子的名字"E-1027"中暗含了他们名字的首字母，也反映了这座建筑的合作本质。不过，由于波德维奇还要完成《生活建筑》（*L'Architecture Vivante*）杂志的编辑工作，格雷只能独自完成建筑的设计和建造。但后来 E-1027 的设计图纸被挂上了波德维奇专业作品的标签，而格雷却被当作做了一些家具设计的"业余人士"。如此的评价无疑令格雷非常愤怒。

格雷眼中的 E-1027 住宅是"一座从居住者角度出发的房子，它在最小的空间内实现了最大的舒适度"。她认为，就像眼睛需要眼皮一样，窗户也需要百叶窗。这栋住宅室内的很多家具可以开合、移动，以调整室内的光线和空间。她选择用软木和皮草等材料来降低噪声，一些如 E-1027 玻璃钢管桌这样的家具，可以根据个人偏好旋转、打开，

对页上图： 屏风画《命运》，1914　　**右图：**"龙椅"，1917—1919

对页下图： 漆屏风《砖》，1923—1925

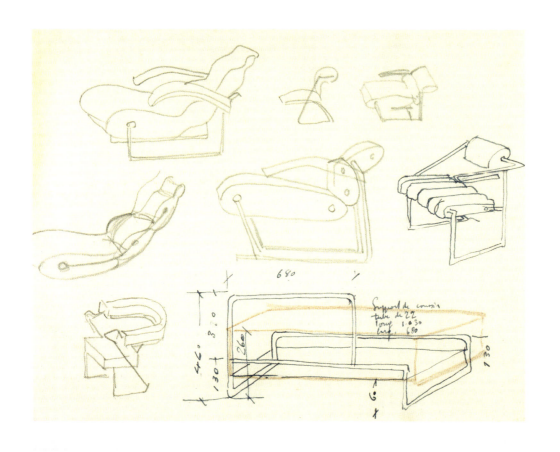

以满足多重功能。就像她之前设计的作品一样，她的建筑也围绕着可变性、
短暂性和移动性这些主题——不过在 E-1027 住宅和她后来设计的草寺
（Tempe à Pailla，1934）中，她刻意减少了移动的元素。她利用通透
的屏风和空间层之间的转折序列，让空间在视觉上呈现一种逐渐展开的
效果。格雷感到"现代建筑的贫乏在于感官的萎缩"。对于现代主义的
倡导者来说，这种评价是不合适的，但对于一个与时代格格不入的女人
来说，说出这样的评价是完全可以预料到的。

格雷去世前，一直在巴黎坚持设计和制作，但她再也没有机会表达
出建造 E-1027 住宅时的自信。E-1027 住宅在二战中被严重损毁，她的
大部分笔记也随之遗失，我们也因此很难了解她的早期设计成果。后来
她对她的传记写作者彼得·亚当（Peter Adam）说："我们得感谢所有
想要发掘我的作品的人，至少感谢他们保存了我的一些作品。否则的话，
它们可能也会像我之前的作品一样被毁掉。"

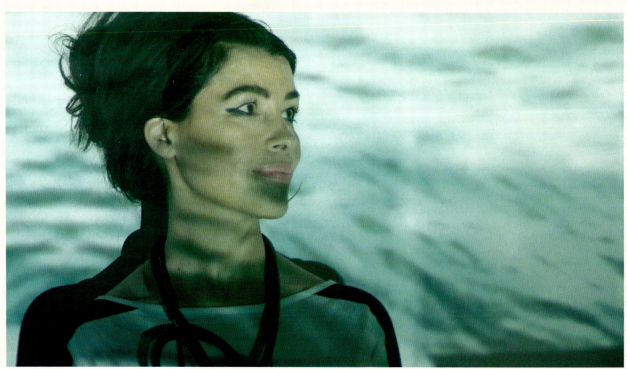

萨丽·雅各布斯 Sally Jacobs

亚历山德拉·埃克斯特 Alexandra Exter

艾斯·黛芙琳 Es Devlin

在舞台上
On the Stage

对页左图： 萨丽·雅各布斯，2015

对页右图： 未来主义展"商店"中的亚历山德拉·埃克斯特，莫斯科，1916

对页下图： 艾斯·黛芙琳，2016

吸引欧洲资产阶级的抽象艺术不再受欢迎，而一些包括埃克斯特在内的先锋派艺术家，认为艺术属于无产阶级，为日常生活设计精美、实用的物品比实验性的个人表达更有价值。舞台为日渐政治化的"人民的艺术"提供了理想的平台，也加速了纯艺术和实用艺术之间传统分歧的瓦解。

著名剧作家兼导演哈利·格兰维尔·贝克（Harley Granville Barker）在 1914 年制作了莎士比亚的喜剧《仲夏夜之梦》（*A Midsummer Night's Dream*）后认为，尽管灯光、音响和其他现代科技设备都极为重要，但舞台真正需要的是一个"大白箱"。这是个惊人的言论。56 年后，斯特拉特福的莎士比亚皇家剧团重新制作了《仲夏夜之梦》，用自己的大白箱重新定义了戏剧的未来。《纽约时报》的剧评人写到 1970 年的这次改编时说："非常难得，终于有一部剧作达到了这样一种境界，只要有剧院就会有人不断聊起它。这样的剧作将会对当代舞台产生重大影响。"传说中的大白箱诞生于英国舞台设计师萨丽·雅各布斯的手中，当时她正与离经叛道的导演彼得·布鲁克（Peter Brook）合作。

莎士比亚的爱情故事通常都沉浸在一种奇幻的月光森林般的氛围里，雅各布斯想要跳出这种陈规，于是将自己的舞台背景设置成极简的白色容器。这里没有树，没有兔子，什么都没有。这样做的目的在于完全抛弃画面感，将剧院升华成富有隐喻的国度。关于这次授权改变的剧本中所遇到的挑战，雅各布斯写道："怎样表达空间？不用任何有关'这是建筑物'的提示。没有'这是雅典的城墙，这是立柱'……没有什么不可以用来代表建筑形态。它不会让你联想到任何东西，只有那个箱子在起作用。"在她的设计中，演员们身穿由鲜艳的绸缎和扎染花布制成的戏服，踩着高跷或荡着高空秋千入场——这是受到了中国杂技的启发。原剧本中的精灵魔法被类似马戏的技法代替，而且这些技法在这样一个封闭的箱子里也解决了实际的入场、退场和旁白的问题。大片金属线圈代表雅典的树林，剧中的情侣与"无关紧要的角色"身处其中；帕克的魔花变成了亚克力棒上的转碟；泰坦尼亚的床则变成了垂吊着的羽毛亭。由于这样的舞台设计很适合上演戏中戏，于是雅各布斯制作了一个 4.3 米高的楼座，让演员在没有戏份时坐在上面观看其他演员表演，同时自己也能被观众观摩。甚至舞台副经理也坐在楼座里，边看提词本边观看表演，顺便向工作人员发出指示。所有传统舞台上常用的把戏和假象都被清除了，为的是让观众的想象力可以自由驰骋。

雅各布斯最初在英国电影行业里做剧务和场记，但后来她被一些崭露头角的新生代剧作家的作品触动，这些剧作家像现代的预言家一样捕捉到了这个时代的精神，雅各布斯因此决定进入剧院工作。1957 年，她回到学校学习舞台设计，并开始为科尔切斯特剧院绘制场景，之后她回到伦敦，在皇家宫廷剧院帮助阿诺德·威斯克（Arnold Wesker）设计作品《厨房》。大量的作品让她变得自信，并因此接受了更有挑战的工作，为一些名气很大的导演做设计，如安东尼·佩吉（Anthony Page）、克莱夫·唐纳（Clive Donner）和特雷弗·纳恩（Trevor Nunn）。当遇到彼得·布鲁克时，她宣布"找到了自己的形式"，从此他们两人的名字永远地联系在了一起。他们利用有限的资金与无限的创意和想象力，为大量具有创新意义的作品做了设计，包括珍·珍奈特（Jean Genet）写的《屏风》（The Screens，1964）、彼得·韦斯（Peter Weiss）写的《马拉 / 萨德》（Marat/Sade，1964）和布鲁克自己创作的《美国》（US，1966）。雅各布斯通过自己的设计表现了敏感的当代题材。她在过去 60 年中为戏剧发展贡献了自己的创作——空间的变化利用、即兴表演、实验性表演、莎士比亚戏剧改编、歌剧、情景剧和行为艺术，等等。布鲁克为了《仲夏夜之梦》联系雅各布斯时，她正在美国为洛杉矶、旧金山、休斯敦和纽约的剧院和歌剧公司做设计师和导演。回到英国时，她也将如加州热烈

在舞台上

的阳光般的美国剧院传统一并带回，将它与 20 世纪 60 年代后期的青年精神、学生叛逆和性解放结合在一起。观众虽然感到震惊，但还是每晚都来看。

雅各布斯不落俗套的创意使布鲁克的《仲夏夜之梦》成为英国戏剧史上的里程碑。《仲夏夜之梦》彻底摒弃了传统，它成功地将种子播撒到了俄国。在 20 世纪的前几十年中，俄国的非国有剧院急剧增多，开创了一个独立的、实验戏剧的时代。为了唤起观众的想象和情感，俄国导演摒弃了现实主义，转而注重有活力、有节奏的舞台表演和演员的肢体灵活度。这种风格在日益流行的构成主义艺术运动中达到了视觉顶峰，特别是在亚历山德拉·埃克斯特的作品中表现得更为突出。

与她的很多同胞不同，埃克斯特出生在一个富裕的乌克兰家庭，享受着不同寻常的自由。20 世纪初，她在俄国和欧洲各处展出自己的油画作品，同时学习乌克兰民间艺术、法国立体主义和意大利未来主义。即将爆发的战争迫使她回到莫斯科——一个处于分裂状态的艺术世界。1914 年爆发的第一次世界大战让俄国艺术家逐渐被孤立，而 1917 年的十月革命又给他们带来了行动的刺激。原来吸引欧洲资产阶级的抽象艺术不再受欢迎，而一些包括埃克斯特在内的先锋派艺术家，认为艺术属于无产阶级，为日常生活设计精美、实用的物品比实验性的个人表达更有价值。舞台为日渐政治化的"人民的艺术"提供了理想的平台，也加速了纯艺术和实用艺术之间传统分歧的瓦解。

JOKANAAN   SALOME   HEROD

Photographs by the Author

COSTUME DESIGNS BY ALEXANDRA EXTER FOR THE CUBIST PRODUCTION OF OSCAR WILDE'S "SALOME" AT THE
KAMERNY THEATRE, MOSCOW

在舞台上

1917年10月，埃克斯特执导的奥斯卡·王尔德（Oscar Wilde）的作品《莎乐美》（Salomé）正在莫斯科亚历克桑德·塔尔洛夫（Aleksandr Tairov）的卡莫尼剧院举行首次公演，代表了构成主义戏剧诞生。虽然当时的舞台拿到现在已经司空见惯，但在当时她最大的创新便是使用了复杂的灯光排布，使灯光与剧情的展开配合得恰到好处。她关闭了舞台的侧台和后台，换掉了传统的静态背景和固定幕板，将延伸到舞台外的抽象背景板竖直安置在舞台前。为了象征莎乐美致命的激情，埃克斯特在舞台中心设置了一段鲜红的旋转楼梯。为了增强舞台本身的动感，埃克斯

特设计了一系列电子控制的红色、黑色、金色的三角形平面、圆锥体和半圆柱体，随着这些几何体，演员可以相应地调节自己的活动。她做过很多次关于舞台设计的演讲，其中一次说道："平淡乏味的当代舞台必须通过运动加以丰富。"《莎乐美》里的每句台词、每个角色、每件服装，以及所有的灯光和动作的设计都在推动着构成主义的爆发。《莎乐美》在卡尼莫剧院公演的13年里产生了巨大反响，在埃克斯特的舞台设计生涯中也是一部重要的作品。

在20世纪，埃克斯特创造了狂欢般的视觉盛宴，雅

右图： 伦敦艾尔美达剧院的白色盒子，2013

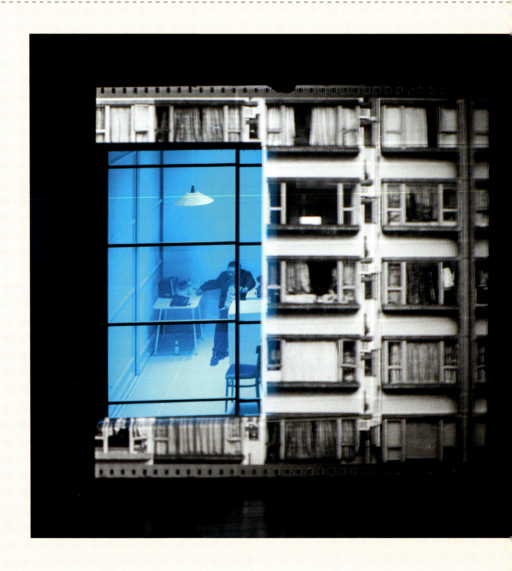

各布斯却将她的作品重新"剥离"。但在她们截然不同的手法背后有着一种共识，即舞台要在戏剧开演的几秒钟内重塑观众的感受。就像雅各布斯评价《仲夏夜之梦》时说："舞台要立刻给观众一种感觉，让他们知道自己已经不在他们以为的那个地方了。"

如此巨大的想象力跳跃对于任何设计师来说都很难做到，但在21世纪，没有人能像艾斯·黛芙琳一样做得那么成熟和统一。

黛芙琳的设计不仅仅是为戏剧、音乐会、舞蹈或时尚等提供表演场地，更是为其提供思想的环境和思维的结构，以及演员、作者或舞者们合作的系统。空间和对空间的把控，是她将这些复杂心理视觉化的一种手段。

在哈利·格兰维尔·巴克的训导100年后，黛芙琳为一部话剧设计了自己的白色大盒子（赢得了奥利弗奖）。黛芙琳设计的舞台像一个巨大的西洋镜，每次立方体转过40个不同的场景，它的内部设置也会完全重置，同时静止的画面和粗糙的镜头的巨幅投影会随着立方体的旋转涌现出来。话剧助理导演称这个盒子"仿佛一颗中子星……场

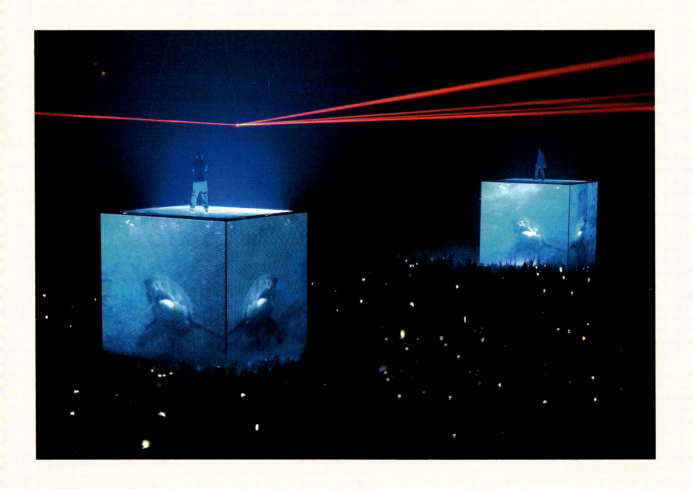

景变化堪称史诗级：每次盒子旋转时，就会产生一个全新的房间……简直像再现了巴赫的复调。"

黛芙琳在取得英语文学学位后进修了纯艺术的基础课程，之后于 20 世纪 90 年代中期又继续在伦敦的综合戏剧设计学院学习舞台设计。在当时的英国此类课程是首次设立，由综合戏剧设计团队开创。团队是在 20 世纪初由玛格丽特·哈里斯（Margarete Harris）和苏菲·哈里斯（Sophie Harris）姐妹俩以及伊丽莎白·蒙哥马利·维尔莫特（Elizabeth Montgomery Wilmot）创建的。综合戏剧设计团队在 20 世纪 30 年代帮助约翰·吉尔古德（John Gielgud）赢得了名气，也完成了很多成功的设计案例，后来哈里斯姐妹将学校开设到其他国家，也增设了更多学科。黛芙琳跟随她们的脚

步，从小型的边缘剧院到国际化规模的公司，为不同客户做了很多成功的设计。在先后完成 2012 年伦敦奥林匹克闭幕式和 2016 年里约奥林匹克开幕式的设计后，她和她的作品受到了大众的喜爱。

她的工作需要多层面的知识储备，因此她为了设计总是回到那个巨型白色盒子上。对她来说，这个作品代表了"一种纯粹的指示"，因此她在为 2006 年维也纳剧院《唐璜》（Don Giovanni）制作的舞台中用到了这个概念，除此之外，她的白色盒子还出现在 2015 年纽约大都会歌剧院的《奥赛罗》（Othello）、2011 年坎耶·韦斯特（Kanye West）和 Jay-z 的巡回演唱会、2015 年阿黛尔（Adele）的世界环形剧场巡回演唱会和 2016 年碧昂丝（Beyoncé）的"形成"

对页：

2011 年坎耶·韦斯特和
Jay-z 世界巡回演唱会

上图：

2015 年阿黛尔世界巡回
演唱会

巡回演唱会中。为了 2016 年蛇形画廊的"奇迹马拉松"系列表演，她在舞台上建造了一个白色的旋转立方体，表达了她对于运动图像和运动物体间互动关系的迷恋。实际上她的处理手法是不断重复的。她的创意最初就像速写一样，然后才在模型上逐渐成形。她办公桌上的小纸板盒神奇地变成了体育馆里或剧院舞台上放大的立方体，黛芙琳称其为一种"令人将信将疑的机械力学"。

作为临时空间的建筑师，埃克斯特、雅各布斯和黛芙琳设计的场景只能保留在观众的记忆中。这份记忆的持续记录着她们富于开创性的实践。要捕捉住展览、物品或书籍中的感觉或体验是非常困难的，就像 1970 年《纽约时报》的戏剧评论家写的那样，如果它是一个好的作品，"只要剧院存在，它就会被人们谈起"。

洛拉 · 拉姆
Lora Lamm

平面设计师，1928—

20 世纪 50 年代中期，米兰正沐浴在开放进步的思潮中。二战后的经济和社会开始复兴，奢华的生活方式成为人们关注的中心。在工业和商业驱动下产生的经济奇迹让这个崭新的开始朝着越来越积极的方向前进。这场文化复兴的核心是理解优秀的设计以及通过传播刺激消费者的重要性。当时有一些思想开明的公司，如奥利维蒂打印机公司、文艺复兴百货公司（la Rinascente，以下简称复兴百货）和倍耐力轮胎公司，通过启动内部宣传和建立公关部门来进行广告创新，而在瑞士出生的洛拉 · 拉姆通过她具有国际视野、充满乐观精神的平面设计，将这些公司的现代理念传遍了意大利，并在此过程中捕捉到了这个时代渴求美的精髓。

在米兰工作的十年中，拉姆完美地将瑞士的理性和意大利的热情融合在了她的设计中。她的平面设计风格从不"喧哗"，而是像一阵轻柔的当代低语，如同意大利里维埃拉海边阳光明媚的午后在风中弥散的开胃酒气息。然而她却几乎从历史记载中完全消失，直到 2015 年，苏黎世设计博物馆为她米兰时期的作品举办了一次专题展览，同年，拉姆获得了瑞士大奖赛的设计奖。她曾经在设计史上缺席，部分是因为她的作品过于微妙，同时也因为她是在异国工作的女性。

拉姆就读于苏黎世赫赫有名的艺术工艺学院，得到过当时颇具影响力的印刷设计师厄恩斯特 · 凯勒（Ernst Keller）和包豪斯艺术家约翰 · 伊顿的指导。因此，她受到的正统教育既表现为瑞士的国际印刷风格——一种清晰、简明的平面形式——也受到了伊顿的影响。伊顿是表现主义的领军人物，是一个色彩理论家，也是宣扬个人主义和先锋主义的马兹达兹南派（一种古怪的伪宗教

左图：为卡尔佐勒丽娅·圣芭比拉设计的包装纸图案，1953—1954

对页：为复兴百货设计的圣诞节广告，1957

派）成员。经历了这样一种充满活力的教育后，在拉姆眼中，瑞士正统的设计圈日显保守，她的创作圈也日趋平淡。于是她做了一个明显具有她个人行事风格的决定，离开瑞士。1953 年，她跟随以前的同班同学马克思·哈伯（Max Huber）来到米兰定居。

定居米兰后的她成了那个合适的人，在合适的时间，出现在了合适的地方。当时的意大利设计艺术的复兴有两方面起因，一是很多朝气蓬勃的公司愿意接受新的宣传方式，二是意大利当时几乎没有多少正规的平面设计学校，这样便形成一定的空缺，吸引了周边国家从业者的加入。在众多艺术家中，沃尔特·鲍尔默（Walter Ballmer）、阿尔多·卡拉布雷西（Aldo Calabresi）、马

克思·哈伯、香提·沙文斯基（Xanti Schawinsky）和卡洛·维瓦雷利（Carlo Vivarelli）都被久负盛名的伯格里工作室聘请过。伯格里工作室是安东尼奥·伯格里（Antonio Boggeri）在 1933 年成立的。洛拉·拉姆是加入这个团队里的唯一一名女性，但她很欣赏同事们将"专业的活力、好奇心、色彩、智慧和对生活的渴望融合的干劲儿"。

她最初负责的都是一些小项目：为老品牌鞋店卡尔佐勒丽娅·圣芭比拉设计包装纸；为莫塔糖果集团设计糖果纸和包装盒，图案采用了意大利风光和喜剧小丑的形象。1954 年，哈伯邀请拉姆加入他在复兴百货的广告公关团队。哈伯当时在公司已经是一个公认的优秀设计师了，为公司设计过统一的创新视觉形象。拉姆说："可

当代女性先锋设计师

以说是哈伯让复兴百货的风格具有了统一性。"1952年，在经历了二战的摧残之后，复兴百货的旗舰店在米兰大教堂广场重新开业，成为设计和消费的中心，同时也是变革的象征。通过不断推出设计优良的家居用品，复兴百货成了奢侈家居用品民主化的先驱。拉姆说："战争过后，每个人都渴望回到工作岗位——我们的供应商、雇员和同事，无一例外。复兴百货迎合了这种积极情绪和重生过程，也鼓励人们购买现代化的产品。"在意大利几乎毫无保留地欢迎设计思潮的同时，建筑师和设计师吉奥·庞蒂（Gió Ponti）从1953年开始就在这里举办展览，而年轻的布鲁诺·穆纳里（Bruno Munari）和罗贝托·桑博纳（Roberto Sambonet）也在这里设计了不计其数的产品和商店展示橱窗。不仅如此，复兴百货对于女

性的工作权益也秉持进步的观念，它是为数不多的无视意大利"已婚条款"（clausola di nubilato，这条法规极具争议，它规定一旦女性员工结婚，雇主就有权利解雇她们）规定的公司之一。

拉姆在这种思想进步且具有实验性的工作环境中表现得十分优秀，她为公司设计了产品目录、海报、请柬、信封、广告宣传册、产品包装和其他公关材料，设计中处处体现出她清晰、干练和优雅的品位。她的工作流程首先是使用铅笔和水粉手绘、拼贴，然后是照相排版和字体设计，最后将图片放大并在照相凹版上用大格子进行胶印。她喜欢运用多种制作技术，为了捕捉印刷过程中光影自然落在纸上的过程，她还发明了一种使用黑影

照片的系统（黑影照片不是用相机，而是将物体直接放在感光纸上形成的）。她会在每个设计中尝试使用不同的字体——从无衬线字体到粗黑体字，再到波多尼字体和其他衬线体——她经常会在完成的作品上留下铅笔痕迹，给人一种强烈的直观感受，所以这种作品非常适合时尚广告。

二战后，时尚产业发生了很大变化，尤其是巴黎高级定制服装垄断时代宣告结束后，精明的商人很快开始向顾客推销一种新的成衣概念。拉姆评论说，了解到这种文化风向后，"复兴百货必须通过广告找到一条路，将女性带入全新的生活方式"。她在广告《一月时节》（*Occasioni di Gennaio*，1962）中设计了一个角色，尽管这个角色不需要新帽子，但还是买了三顶，"她就那样把三顶帽子全都扣在了头上"。在《奶酪信使日报》（*Corriere della Sera*）的一个圣诞节广告（1957）中，拉姆设计了一个图案，人们可以把它剪下来做成圣诞老人玩偶，后来为圣诞节礼物一筹莫展的家长不顾一切地将

对页： 为复兴百货设计的一则广告，1962

右图： 为复兴百货"日本Ⅱ"展览设计的请柬，1956

那天的报纸抢购一空。

越来越成功的复兴百货开始展露出文化桥梁的作用，担任起保护博物馆和从其他文化机构或国家向意大利国际博览会引入展品的工作。其中最重要的是 1956 年的"日本Ⅱ"展览，拉姆负责展览的舞台设计、平面设计和宣传工作。受到日本传统屏风的启示，她以鲜明的几何图形和原色为基础，做出了简约的设计，再配上日本传统木偶的形象，更加突出了设计简约的风格。

1958 年，拉姆晋升为平面设计部的主管，这个令人称羡的职位让她获得了发展自由职业的机会，她开始为其他公司做设计，包括化妆品品牌伊丽莎白雅顿、橡胶制造商倍耐力和奈奇缝纫机公司。她所接触的商业产品种类繁多，从热水瓶、登山鞋、轮胎到毛毯和地毯。与此同时，由于受到美国杂志的影响，如《时尚芭莎》（*Harper's Bazaar*）和《纽约客》（*The New Yorker*），她的时尚插画也从柔和雅致的风格转向由波普艺术引发的一种漫不经心的风格。

拉姆在 1963 年回到苏黎世，希望申请去美国的工作签证。在申请遭拒后，她加入了瑞士的弗兰克·提辛（Frank Thiessing）的广告工作室，为药品、纺织品、航空航天和食品行业的客户做设计。虽然工作内容繁杂，但她在 20 世纪中叶的工作中展现出的为美好生活而设计的理念被较为严肃的基调取代。"我意识到时代变了，所以我把复兴百货的'纸上女郎'搁下，投入广告改革中。这是个戏剧性的决定，但它来自我对产品的迷恋。"

在 2015 年苏黎世设计博物馆举办的展览中，策展人写道："拉姆的作品跨越了意大利和瑞士的国界，跨越了插画与平面设计、过去与当下的分界线。"如果当初她得到了美国签证，她的作品或许还会跨越洲际界线，使她享誉世界，而不是最终沦为寂寂无名。

对页上图： 为倍耐力轮胎设计的海报，1959—1963

对页下图： 为伊丽莎白雅顿设计的包装纸图案，1957—1958

扎哈·哈迪德
Zaha Hadid

——

建筑师，1950—2016

当扎哈·哈迪德在 2004 年获得著名的普利兹克建筑奖时，评审团的表彰致辞这样说道："她的建筑生涯既不传统，也不简单。"这样的评价过于轻描淡写，"传统"和"简单"从来都不是哈迪德向往的目标。传统和简单的职业生涯恐怕也无法赢得众人渴望且争议不断的普利兹克建筑奖。虽然哈迪德在职业生涯中遭遇了很多挫折，但要超越传统和简单的雄心壮志让她的建筑作品像她本人一样强韧、宽广，充满个性，也拥有强大的力量。

德高望重的捷克籍伦敦建筑师伊娃·伊莉希纳（Eva Jiřičná）仍记得 20 世纪 70 年代初与哈迪德在伦敦建筑协会见面时的情景。伊莉希纳当时受邀前去评审学生作品，她说哈迪德"表现得如同一名教师。她占据了工作室，一直在指导大家怎么做。当她拿出作品时，我才意识到她是个学生……我永远不会忘记那一次，她太出挑了"。

哈迪德 1950 年出生在巴格达的一个富裕的家庭，受到思想开放的家庭氛围的影响，她养成了果断而坚定的性格。1958 年，她经历了伊拉克的七一四革命，理解了革命的目的："人们举着牌子四处走动，要求自由、解放和民主——这些概念我以前都学过。"当时的伊拉克与现在的情况截然不同，经济非常繁荣，国家正在通过建筑环境和进步的政策来打造国家形象[就像她的父亲（国家民主党联合创始人）所写的那样]，这些政策受到宽容的社会环境的影响，鼓励女性成为各个行业里的专业人士。哈迪德相信教育是通往更好的世界的门票，在贝鲁特获得数学专业学位后，1972 年，她继续在伦敦建筑协会攻读研究生学位。伦敦建筑协会被誉为"知识分子的摇篮"，她的同学有威尔·阿尔索普（Will Alsop）、雷姆·库哈斯、丹尼尔·里伯斯金（Daniel Libeskind）和伯纳德·屈米（Bernard Tschumi）。还有一位同时代的人，奈吉尔·科茨（Nigel Coates），他说并不只是因为这些名人让 20 世纪 70 年代初的伦敦建筑协会如此与众不同，还因为在那

个背景下众人多元的志向："在城市中的一片传统的学术之地上，有一排漂亮的乔治亚风格的房子，我们在其中想象着未来城市全新的面貌，还有建筑在那里所扮演的角色。"对哈迪德来说，这意味着要创造一种语言来反映当代生活的混乱和永恒的变化。

21世纪早期俄国构成主义建筑师和他们对抽象空间、碎片化形式和多层结构的未实现愿景，对哈迪德产生了很大影响。她遵循他们的思想，从绘画开始做起，抛弃了当时已经得到广泛应用的建筑设计工具——纸板模型、T形方块和平行尺，将建筑从严谨的直角中解放出来，发明了一种前所未有的建筑语言。她的绘画传达出了等距形式、速度和多重视角，无视地心引力与规则。虽然很少有人能够理解，但看到她的作品的人都被深深地吸引了。

1980年，哈迪德创立了自己的工作室，一边完善和发展自己的独特风格，一边通过参加竞赛项目和国际教学工作来学习如何更好地表达自己复杂的想法，以待时机。1982年，她从备受瞩目的香港山顶休闲俱乐部（Leisure Club on the Peak）竞赛中胜出，这是她的第一个建筑项目。据建筑评论家约瑟夫·乔瓦尼尼（Joseph Giovannini）说，建筑透明的结构"似乎要从山坡上流泻而下……楼面朝不同方向延伸……一条公路从建筑中蜿蜒穿过"。她受到拥堵的城市和交叠的公路以及山坡弯道的启发，将香港地貌体现在建筑形式上，从此奠定了自己的设计风格。全世界的媒体报道都对哈迪德进行了正面评价，但是由于一些客观原因，这个项目最终没能实现。这次的打击很大，但哈迪德说："相比实现这个项目，我此次获得的经验更重要。"

一些政治方面的问题一直困扰着她：有人批评她在人权状况恶劣的国家开展项目 [阿塞拜疆文化中心（Azerbaijan Cultural Center），2013]；政府推翻了国际竞赛评审会的决定，让她的计划无法实现 [1994 年的卡迪夫歌剧院（Cardiff Opera House）和 2020 年东京奥运会主体育馆（Tokyo Olympic Stadium）]。面对有关人权的评论，她解释说，文化是民主的种子，这些国家若是鼓励文化，就有改变的希望。当被问起项目遭到无理取消时，她用了"三重打击"来概括她的想法："我是个女性，对某些人来说这是个问题；我是个外国人，这又是个大问题。我做的工作又不是循规蹈矩的，不是人们期待中的样子。三个问题放在一起就非常棘手。"

尽管遭遇了这些令人绝望的挫折，但或许是因为这些挫折激发了斗志，哈迪德决心要证明那些评论家是错的。她曾被批评是一个"纸上建筑师"，无法建造真正的房子，但在世纪之交，她终于成功地完成了奥地利和卡塔尔的运动场馆，中国和韩国的文化中心，欧洲一些国家和阿拉伯联合酋长国的交通运输终点站和基础设施，世界各地的博物馆及其扩建空间，以及莫斯科、迈阿密和纽约等地的私人住宅。她选择在英国定居，却常常觉得这里与自己格格不入，但她还是在格拉斯哥建造了一座交通博物馆，在柯科迪建了一座癌症康复中心，在牛津建了一座图书馆，在伦敦南部建了一所学校，在伦敦中心建了蛇形赛克勒画廊（Serpentine Sackler Gallery）。

她在美国完成的第一个项目是辛辛那提市的罗森塔尔当代艺术中心（Rosenthal Center for Contemporary Art，2003），被《纽约时报》评价为"冷战后建造的最重要的建筑"。2010 年，罗马的 21 世纪艺术博物馆（MAXXI Museum）建成，这是当时哈迪德接手的最大的项目。这个项目花了 11 年时间，经历了意大利政府的六次交替。这也是她最后一个用手工设计模型的项目，大部分建筑模型都是用纸板制成的。后来当技术的发展终于赶上了她的理念的发展，哈迪德开始通过数字设计程序对方案进行改进。随着事业的发展，她的设计风格也发生了改变：从维特拉消防站（Vitra Fire Station，1993）的尖锐角度，到她知名度最高的项目——为 2012 年奥运会建造的伦敦水上运动中心（London Aquatics Center）——呈现出复杂的流体曲线。但从始至终，她强调的动态空间、景观作用和违抗地心引力的元素都没有改变。

这就是哈迪德的传奇一生，她总是在纠正记者，因为他们总是传播虚假的报道或重复老生常谈的内容。英国媒体尤其难辞其咎，并受到了严厉的指责。2015 年，哈迪德在一次广播采访直播时因为对记者的越界冒犯大为恼火，突然中途终止了谈话。她原以为他们会关注她的成就，或者至少对她作品的优点予以评价，但采访内容大部分都是关注她的性别、国籍、性格或单身这样的负面报道。极少有像她这样有名的建筑师受到这样的人身攻击。

无论媒体如何评价，哈迪德还是做出了引人注目的成绩。《女性建筑师在何处？》（*Where Are The Women Architects?*，2016）一书的作者德斯皮娜·斯特拉第加科斯（Despina Stratigakos）写道："尽管困难重重，遭受大量的偏见，但她还是打破了一个又一个无形的障碍。这些障碍如同水泥一样又厚又硬，她能做到这些绝非易事。"在44个国家完成了30多个项目，获得的殊荣和头衔可以写出一份加长清单，她通过自己的努力攀上了事业的高峰。2016年，她的意外死亡震惊了整个建筑界。一篇又一篇的讣告都将她介绍成取得了各种成就的女性第一人。如果说诺玛·梅里克·斯科拉雷克是获得美国建筑师协会会员资格的第一位美国黑人女性建筑师，那么哈迪德的伟大胜利则超越了斯科拉雷克，她凭借自身的努力，于2016年赢得了英国皇家建筑学院的皇家金牌奖，成为第一个获此殊荣的女性建筑师，同时，她也是第一位获得普利兹克建筑奖的女性。在她之前，女性建筑师数量很少，加上在男性主导的产业中很少有能打破壁垒的女性设计师，哈迪德能赢得如此高的声望，令人惊叹。虽然她从不喜欢被称作女性建筑师，但她还是接受了这个头衔带来的正面影响："我明白，其他女性极其需要一种肯定，肯定她们也可以做到同样的事，因此我不再介意这种称谓。"

下图：21世纪艺术博物馆，2010

对页下图：伦敦水上运动中心，2012

对页上图：德国莱茵河畔威尔城的维特拉消防站，1993

当代女性先锋设计师

娜塔莉·杜·帕斯奎尔

Nathalie du Pasquier

———

艺术家、设计师，1957—

娜塔莉·杜·帕斯奎尔出生于法国，她进入平面设计行业的道路颇为曲折。她通过旅行吸收了具有印度和西非大胆的配色特点；通过自学法国传统纺织品，了解了印花技术的无限可能；19世纪英国的工艺美术运动和20世纪初的维也纳工坊运动让她了解了传统印刷工艺及其与工业之间的长期冲突；她从拜占庭镶嵌画中认识到了重复图案的复杂性；朋克摇滚音乐则让她对涂鸦和反主流文化产生了浓厚的兴趣。在积累了对多种文化的理解和对时代的审美能力后，1979年，22岁的帕斯奎尔在米兰定居，想要尝试一点新的东西。短短两年内，她完成了飞跃，一头扎进艺术革命。

1981年9月18日，帕斯奎尔发现自己正处在"暴乱"的中心。这场暴乱远非民间的学术争论，而是一场从20世纪60年代开始，由少数激进的意大利设计团体发起的对现代主义的第二阶段攻击，这些团体分散在美国各地，通过传播丹尼斯·斯科特·布朗和罗伯特·文丘里的一些学术文章，最终发展成对过时的现代主义正统观念的全面猛击。1981年，孟菲斯派——由建筑师埃托·索特萨斯（Ettore Sottsass）领导的跨时代国际设计团体——首次正式在米兰年度家具展上露面，帕斯奎尔是这个团体中最年轻的一个。他们都不满现代主义审美的"专横"和现代主义家具设计的观念模式，他们的想法是要颠覆现代主义，要使用有冲突的图案、驳杂的色彩、夸张的比例、不对称的形式和模仿艺术。孟菲斯这个名字来源于鲍勃·迪伦（Bob Dylan）的歌曲《再次与孟菲斯蓝调一起困在莫比尔》（*Stuck Inside of Mobile with the Memphis Blues Again*，1976），孟菲斯像是一个充满煽动力的口号，呼吁通过华丽、炫目的家具和纺织品来表现艺术的多样性，制造大众影响力。数万人聚集在科索欧罗巴的Arc 7展厅外见证了这一盛况。

《纽约时报》在对这次"暴乱"的评论中说:"这次暴乱吓到了一些人,也娱乐了一些人,但也让每个人都参与到这场令人兴奋的集会中来。"设计师贾斯珀·莫里森(Jasper Morrison)还记得这次事件:"这种感觉非常奇怪。从某种意义上来说,你会对这些作品非常反感,但我也……立刻因这种彻底打破常规的理念而体会到一种释放的感觉。"他们的民粹主义作品呈现出的后现代主义的讽刺、不羁、媚俗引起了设计界的意见分歧,使早期的孟菲斯派作品一举成名。由于这些设计极富煽动力和自主性,再配合铺天盖地的海报宣传和精心的营销策划[由成员之一,记者芭芭拉·拉迪斯(Barbara Radice)操作],以及媒体、博物馆和私人收藏家的热烈追捧,孟菲斯派在 20 世纪 80 年代建立了自己的视觉语言体系。孟菲斯派对于传统风格的运用和对采样的重视,给新出现的 MTV 一代(MTV Generation,指 1980—1995 年期间的西方年轻人和青少年,他们深受 1981 年开播的 MTV 电视频道的影响)带来了很大的冲击,孟菲斯派的很多具有视觉冲击的作品都是通过帕斯奎尔的设计表现的。

孟菲斯派为帕斯奎尔充满奇思妙想的大脑做出的各种设计提供了一个绝佳出口。在搭档乔治·索登(George Sowden,孟菲斯派的创立成员之一,也是索特萨斯以前的同事)的鼓励下,帕斯奎尔从为芙蓉天使和妮奥莉等时装品牌设计图案,改为设计自己的纺织品和手工编织的羊毛地毯。她通过设计钟表、台灯、储物盒、花瓶和托盘,研究了瓷砖、层压材料和金属是否适合用于印刷。除了她自己设计的精致家具,如桌子、储物柜、椅子和沙发,她还负责监管其他孟菲斯成员设计的家具的表面工艺,包括索登的昂蒂布橱柜(Antibes Cabinet)的层压板和 1985 年马莫尼亚椅(Mamonia Chair)用的纺织品。

帕斯奎尔写道:"通过改变产品的表面装饰,你会赋予它不同的意义。"按照这样的准则,形式不必再跟随功能。"电话可以采用香蕉的外形,做表面装饰是能让物体与外界沟通的最简单、最直接的方式。当时我做设计靠的是一种直觉,但现在我知道了,设计显然是一种用于沟通的工具。"

与大多数孟菲斯派家具设计一样,她在 1983 年设计的皇家沙发(Royal sofa)用混合材料——花纹层压板和印花棉布制成,在技术方面相对保守,但它体现了芭芭拉·拉迪斯对帕斯奎尔的描述:"天生的装饰天才——不受拘束,极为敏感、狂野、热情,有爆发力,就像热带夜晚的霓虹灯一样引人注目。"

然而,到了 20 世纪 80 年代末,孟菲斯派的霓虹逐渐失色,甚至眼光超前的成熟方案和完美的市场营销模式也无法让他们的多样的表面装饰、传统的混

上图及下图: 帕斯奎尔为孟菲斯派做的两款设计:"加蓬"和"赞比亚",1982

对页左图及右图: 亚利桑那州和加利福尼亚州地毯,1983

搭手法和模糊的思想原则这样的设计理念永葆新鲜。仅仅过了六年，孟菲斯派的工作流程、共同理念和最初几个系列作品的热度都烟消云散了。要想生存下去，就意味着产品需要商业化，同时接受复杂的市场力量的考验，但这些都会让孟菲斯派失去最初的实验性和煽动性。1985 年，索特萨斯放弃参与运动，到 1987 年经济大萧条时，曾经在米兰盛行的"革命气息"在仅剩的几个孟菲斯派成员身上也消失殆尽。帕斯奎尔"厌倦了做孟菲斯女孩"，于是安静地退出设计舞台，用后来几十年的时间在同索登合开的米兰工作室里，创作了大量油画和雕塑作品。

那些诋毁孟菲斯派的人宣称，孟菲斯派不过是 20 世纪 80 年代昙花一现的视觉盛宴或一种短暂流行的时尚。但时尚的本质就是轮回，孟菲斯派近年来也经历了很多次复兴。一部分原因是多个具有国际影响力的博物馆组织了

孟菲斯派作品回顾展，特别是 2011 年伦敦维多利亚和阿尔伯特博物馆的"后现代主义：风格与颠覆，1970—1990"展览，使得 20 世纪 80 年代的审美再次回到人们的视线中。聚光灯再次打在了帕斯奎尔的表面装饰上。她在《大都会》（Metropolis）杂志中说道："我没有'回归'设计。是设计'回归'了我！"在维多利亚和阿尔伯特博物馆的展览举办后的一年内，国际时装系列中出现了帕斯奎尔风格的图案和受孟菲斯派启发的配色方案（这些作品有时是未经授权的）。伦敦设计博物馆的负责人德扬·苏季奇（Deyan Sudjiic）写到孟菲斯派创始和后来复兴的条件因素时说："主要是数字技术改变了设计。"对后千禧一代设计师来说，这次复兴更像是一次启示而不是一次怀旧，孟菲斯派的理念是自由和解放的缩影。这些表达形式、对传统的引用和热情奔放的情感都通过一些设计师的作品体现了出来，如

乔布工作室和卡米尔·瓦拉拉（Camille Walala）的作品。在英国设计师贝森·劳拉·伍德（Bethan Laura Wood）看来，帕斯奎尔作品的本质是"对她所理解的现实的流畅重现"，她觉得在成长过程中有虚拟游戏、电脑软件和可以用于分享、筛选的社交媒体是一件美妙的事情。

或许在某种程度上，正是因为这些赞誉和多元的语境，受到鼓舞的帕斯奎尔开始重新审视自己早期的设计。如今，在一个以设计的传播力为主导的时代，她可以体会到装饰设计的意义，而在当时，她的设计都是为了传达现代主义的终结。在停歇了30多年后，她开始接受一些知名品牌的设计任务。虽然经历了如此漫长的中断，在这个过程中，设计行业也受到了数字技术对纺织品印染的影响，但她使用的设计方法从未改变。她只是想从 1987 年离开的地方重新开始。

上图： 为孟菲斯派设计的皇家沙发，1983

对页上图： 英国伦敦卡姆登艺术中心，帕斯奎尔制作的装置"其他房间"，2017

对页下图： 帕斯奎尔为 Wrong for Hay 公司设计的刺绣抱枕和一套笔记本，2013

伊娃·蔡塞尔
Eva Zeisel

—

陶瓷艺术家、设计师，1906—2011

在一百岁生日那天，伊娃·蔡塞尔调侃地说："我还活着，还在工作。"她停了一会儿，又补充说："我不喜欢'还'这个字。"因为对她来说那意味着一种无法承受的委曲求全，一种无可奈何的听天由命。如果说她八十年的成功经历证明了什么，那就是在蔡塞尔身上从没有什么委曲求全或听天由命，她不顾一切，藐视传统，坚持与陈规旧俗作战。

作为 20 世纪最重要的家居用品设计师之一，蔡塞尔于 1925 年在匈牙利开启了她非凡的职业生涯，之后又于 1938 年辗转来到纽约。20 世纪设计行业发展中的每个重要的十字路口上都有她的身影。如此长寿的优势之一在于她可以产出很多作品，无数的荣誉和奖项接踵而至，在她的书架上默默地证明着她的作品的质量和数量。蔡塞尔一生制作过约十万个碗、盘子、花瓶和壶，她还将陶器从手工作坊的制作模式中解放出来，使其进入批量工业生产。虽然她的工作离不开工业界，也涉及大量材料（陶瓷、塑料、纺织纤维、金属和玻璃），但她不愿意被冠以"工业设计师"这样的头衔，她认为工业设计师只求新，纯粹是为了商业而设计。她将自己定位为"物品制作者""一个抱着玩味心态追求美的人"。

蔡塞尔出生于布达佩斯一个开明而进步的犹太家庭，从小父母就鼓励她要多提问。她的母亲是匈牙利第一批获得历史学博士学位的女性之一，父亲经营着一家纺织品公司，她的两个叔叔分别是经济历史学家和科学家兼哲学家。在这样的氛围中，她很容易走上学术的道路，然后安分守己地生活，但她偏偏不愿墨守成规，而是卷起袖子，真的把双手（和双脚）插到泥土里。作为匈牙利中世纪行会制度下的最后一位陶艺大师约科伯·卡拉潘科斯克（Jakob

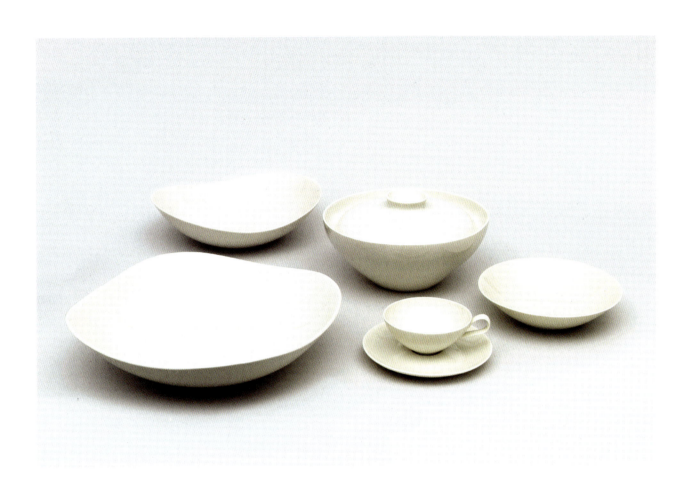

Karapancsik）的学生，她要赤脚踩着泥巴，以准备制作陶器用的陶泥，还要陪师父挨家挨户去安装和修理陶瓦做的炉灶。早期从零开始的艰苦学徒生涯让她进入了由烟囱清扫工、制炉匠、铺瓦工、挖井工和陶工组成的工会，成了工会中的第一个女性，这让她对极具装饰感的匈牙利民间工艺的兴趣变得更加浓厚（她在后来的创作中也在不断回归这方面的审美），也让她养成了旅行的习惯。

在学徒期结束之后，按照管理规定，蔡塞尔获得了"熟练技工"的资质——这是令她最为自豪的成就之一。但实际上，她的职业旅程才刚刚开始。1925 年，不甘安于现状的她在自家后院中做起了手工陶罐，接着去了布达佩斯的基斯佩斯特工厂（曾经的卫生洁具生产商，蔡塞尔说服工厂开发一些冷门的产品，如犀牛造型的烟灰缸），在那里做新开设的装饰艺术部的主管。后来蔡塞尔又在德国黑森林施兰伯格·马约利卡工厂做首席设计师，接着她去了柏林，大约从 1930 年开始在自己成立的工作室为很多陶瓷生产商做设计。

对页：为卡斯尔顿陶瓷公司设计的"博物馆服务"系列餐具，1946

下图：旅行社茶具，1935

一路走来，她积累了原型设计和生产设计的第一手经验，以及在男性主导的工厂工作所需的应变能力。她在德国的时间正好是包豪斯学校发展的时期，校长格罗皮乌斯倡导理性的理念，以机器审美和社会主义理想为基础。蔡塞尔对包豪斯的现代生产方法和效率非常认同。1936年5月，蔡塞尔因为密谋暗杀斯大林的莫须有罪名而被捕入狱。入狱期间蔡塞尔一直在脑中设计，将虚幻的想法在脑中编织成具体的形状。如同莫名其妙地被捕，16个月后她又被莫名其妙地释放，然后被遣送到维也纳。几个月后，希特勒侵占奥地利，蔡塞尔再次反抗，和她的好友——律师及社会学家汉斯·蔡塞尔（Hans Zeisel，她后来的丈夫）逃往纽约。

移民纽约后，她通过制作小批量的家居用品来维持生计，后来在布鲁克林的普瑞特艺术学院当老师，有了一份稳定的收入。在她的带领下，

当代女性先锋设计师

学院对工业设计有了前所未有的包容，这也使蔡塞尔接触到了越来越多的美国制造商。

与此同时，她有机地吸收了现代主义的理念，与许多志同道合的美国设计师，如玛丽·赖特（Mary Wright）和罗素·莱特（Russel Wright）以及蕾和查尔斯·伊姆斯等展开了合作。这些合作受到了当时的媒体和大公司的青睐，他们都渴望迎合战后的消费热潮，为人们提供家居产品，以满足人们对新奇、休闲生活方式的渴望。

除了纽约现代美术博物馆的委托，蔡塞尔还为霍尔克拉夫特公司成功设计了两个系列的产品——"明天的经典"（Tommorow's Classic）和"世纪"（Century）。1946年，她为红翼公司设计了色彩明快的"小镇和乡村"（Town and Country）系列产品，用人形的盐罐和胡椒罐表现出开心的母亲和孩子的形象。现代美术博物馆建筑和设计资深策展人宝拉·安东内利在接受《纽约时报》访谈时对蔡塞尔赞誉有加，说她"将形式带入了我们今天所期待的有机、优雅、流畅的陶瓷作品中，让更多的人了解陶瓷。做一些令人惊艳的作品，让它们留在收藏家的壁橱里，这并不难，但她的设计却能让人们聚在桌边，在这里感受她的设计"。

20世纪60年代，工业陶瓷逐渐退出时尚舞台，但蔡塞尔觉得这只是条小小的弯路，转而将工作重心转向写作和政治抗议。20世纪80年代，蒙特利尔装饰艺术博物馆和华盛顿特区的史密森学会联手举办展览，将她的作品推荐给新一代，蔡塞尔迎来了她职业生涯中的第三个高峰。她通过以前在欧洲合作过的制造商，重新推出过去的设计，也和克雷特巴瑞尔公司、科雷恩雷德公司和DWR公司等新客户展开合作。经历了20世纪80年代末冷酷的极简主义之后，蔡塞尔的设计体现了消费者心中潜藏的对怀旧和浪漫的渴望。

蔡塞尔巨大成功的核心在于她的双手。在人生的最后几年中，她的视力衰退得厉害，她努力用剪纸做出想要的轮廓，她又开始在脑中设计，双手在空中大幅度地挥舞，比画她的想法，而她的助手会奇迹般地将其转化为三维语言。她对美的追求还在继续，伊娃·蔡塞尔永远也不会停下来。

对页上图： 为红翼公司设计的"小镇与乡村"系列产品中的盐罐和胡椒罐，1945

对页下左： 为霍尔克拉夫特公司设计的"明天的经典"系列产品中的船形调味碟，1952

对页下右： 与奥利维亚·巴莉一起为伊娃餐具设计的剪纸，2012

丽娜 · 柏 · 巴蒂

Lina Bo Bardi

——

建筑师、设计师，1914—1992

1989 年，丽娜·柏·巴蒂已经七十多岁了。据《地点杂志》（*Places Journal*）报道，这一年，她的建筑方案第一次被公开展出。等待了半个世纪，虽然受到的质疑要多于赞美，但丽娜·柏·巴蒂终于等到了评论界的赞誉。抛开她作为编辑、博物馆馆长、策展人、教师和政治活动家的角色，单是作为 20 世纪最重要、最具表现力的建筑师及设计师之一，关于她，已经有太多值得称道的地方。然而，如果 1989 年那场在巴西圣保罗大学的展览再稍微晚一点，她一生的作品重新点燃人们的兴趣，可能就是身后之事了。那些了解柏·巴蒂较晚的人，需要弥补错失的时间。

丽娜·柏·巴蒂如今一直被当成巴西建筑师，事实上她于 1914 年出生在意大利，从罗马建筑学院毕业后立即开启了漫长而多产的职业生涯。由于担心家乡的政治

动乱和法西斯主义在意大利南部的影响日益加剧，她于 1940 年前往米兰定居，并在著名设计师及建筑师吉奥·庞蒂的工作室找到了满意的工作，吉奥·庞蒂非常欣赏她坚定而进步的想法。此外，她为庞蒂做设计，在他的鼓励下开始为一些出版社写作和画插画，并最终接任了杂志《住宅》（*Domus*）的主编一职。这本杂志是庞蒂在 1928 年创建的。随着第二次世界大战期间紧张的政治态势向北蔓延，她的激进主义热情也被点燃。1943 年的一次空袭炸毁了她的工作室，她被迫暂时放弃建筑设计和编辑工作，全身心投入抵抗运动，如通过图画和文字的形式记录、报道战争带来的破坏。正是在这个阶段对当代街头生活的描绘，让她在设计的时候始终优先考虑占据空间的人，而不是空间本身。

1946 年，她的丈夫，艺术史学家皮埃特罗·马利亚·巴

上图及对页：巴西圣保罗艺术博物馆，1957—1968

蒂（Pietro Maria Bardi）接受了为巴西圣保罗艺术博物馆（MASP）筹备首期藏品的委托——柏·巴蒂后来也为这个博物馆设计了大楼。刚刚移民到巴西后，她就恢复了设计工作。她对巴西这个国家的法规进行了仔细的解读，但她的出版工作和建筑设计始终努力以人民为核心。她开始在建造中使用传统的欧洲现代主义材料，如玻璃和水泥，以及理性主义形式，如她的维德罗之家和为圣保罗艺术博物馆画的野兽派都市杰作（1957—1968）。但是，后来她将这些与当地材料和工艺技术结合起来，通过打造凹凸不平的表面和边界，模糊建筑和景观的边界，就像她在圣保罗的圣母玛利亚教堂（Capela Santa Maria dos Anjos，1978）和萨尔瓦多的怜悯斜坡（Ladeira da Misericórdia，1988）的修复工作中所做的那样。虽说这些建筑经历了线性的发展，最终形成

丽娜·柏·巴蒂

了一种特定的、可识别的美学风格，但柏·巴蒂也为每一栋建筑重新进行了设计。她并没有局限于单一的风格，而是为交流而设计。她的作品如同一场开放式的交谈，鼓励留白，而不会把话说满。美国作曲家约翰·凯奇（John Cage）1985年时这样写过，柏·巴蒂的作品呈现出了"建筑的自由感"。

无疑，她的作品因缺乏一致性而导致她在国际上的声誉一直不高。她设计过至少14个建筑项目，还有无数个舞台、布景和家具，以及数十个没有最终实现但记录在册的项目。实际上，她比一些与她同时代更有名的女性设计师，如艾琳·格雷取得的成就更大。但与格雷不同的是，柏·巴蒂说自己从未因为性别而受到边缘化对待。尽管来自全世界的从业者和当地的男性建筑师，如乔·巴

蒂斯塔·维拉诺瓦·阿蒂加斯（João Batista Vilanova Artigas）和保罗·门德斯·达·罗查（Paulo Mendes da Rocha）等，给她带来了一定的竞争，但她还是在各种比赛和项目委托中占有一席之地。公众对她的作品重燃兴趣也引发了对女性为现代主义所做贡献的重新评价，或许她之所以会在历史中被明显忽略，最可信的原因在于过去半个世纪以来巴西这个国家自身命运的变化。

到了20世纪60年代中期，即使她仍在承接项目，如萨尔瓦多的多功能阳光别墅（Solar do Unhão，1963年）、众多有影响力的剧团舞台美术设计，以及圣保罗艺术博物馆，当时的巴西建筑开始在国际上失去了吸引力。卢西奥·科斯塔（Lúcio Costa）和奥斯卡·尼迈耶（Oscar Niemeyer）的现代主义范式受到越来越多的批评，

新首都巴西利亚充斥着 1964 年巴西政变后产生的政治异见。随后多年的独裁统治使巴西失去了文化赖以生存的"氧气"，国际各界都把目光转向了别处。当巴西的设计师在北美和欧洲新出现的复杂而矛盾的意识形态中找到养分，柏·巴蒂灵活的以人为本的本土设计便被狂热分子和年轻一代冷漠的后继者所抛弃。也正是因为她极具开放性的作品充满灵动和自由感，所以在面对解读时与新趋势背道而驰。在随后的几年里，她的许多标志性的项目和创新建筑都被翻修或完全放弃了。

自 1989 年的展览举办之后，柏·巴蒂留下的宝贵财富被强制收回，这与她当初被忽视的原因一样引人注目。她去世一年后，也就是 1993 年，圣保罗艺术博物馆出版了她的作品的综合名录，向外界展示了她后来创作的大量文章、出版物和文件。这些信息随后开始影响下一代建筑师。柏·巴蒂对老建筑得心应手的改造和再利用——如堪称大师之作的庞贝工厂商业服务中心 [Serviço Social do Comércio (SESC) Fábrica da Pompeia，1977—1982]——为改造工程设立了基准，也为一些方案树立了榜样，如赫尔佐格＆德梅隆建筑事务所将伦敦的一个发电站改造成了泰特现代美术馆（Tate Modern's Bankside Museum，2000）。

在 2010 年的威尼斯建筑双年展上，策展人妹岛和世对柏·巴蒂在博物馆和展馆设计方面的创新表达了深切的感谢，还全面展示了她的作品。英国建筑联盟学院和慕尼黑现代绘画陈列馆之后也举办过很多场柏·巴蒂的纪念展。纽约现代艺术博物馆在 2015 年举办了意义重大的拉丁美洲建筑展，骄傲地向拉丁美洲的观众推出了柏·巴蒂。英国文化协会在 2012 年举办了"丽娜·柏·巴蒂：在一起"世界巡回展，时间长达四年。同时，包括阿珀＆埃特尔在内的家具公司一直在努力将柏·巴蒂的设计初稿和遗存的设计原型（包括 1951 年设计的可调整的碗形椅等）投入工业生产。

对于当代从业者来说，柏·巴蒂对本土建筑的坚持，以及对本土经验和技术的应用，为他们提供了新的可能性，即摒弃用来划分文化等级的建筑系统，避免一种建筑风格在世界范围内"独大"的情况。她大体上摒弃了这种等级制度——包括建筑、绘画、设计各个方面，将工业制造与手工工艺同等看待，这一点吸引了当今那些想要模糊艺术门类之间界限的反主流文化的艺术家。比如，2012 年，极具影响力

丽娜·柏·巴蒂

当代女性先锋设计师

对页：巴西圣保罗，庞
贝工厂商业服务中心外
景，1977

上图：为阿珀公司设计
的碗形椅，1951

的策展人汉斯·乌尔里希·奥布里斯特（Hans Ulrich Obrist）收集了人
们对柏·巴蒂作品的艺术评论，在圣保罗维德罗之家中以现场装置的
方式展示了出来。

对柏·巴蒂这种关注的热潮恰好与巴西的复兴相吻合，这股热潮
始于巴西成为"金砖五国"（指中国、巴西、俄罗斯、印度和南非，
这五个国家在 21 世纪初被认为是经济发展的代表）成员之一。在 2016
年里约热内卢举办奥运会时，世界媒体、学者的目光都重新聚焦在巴
西的建筑上，柏·巴蒂的伟大贡献也将影响这个国家的命运。

丽娜·柏·巴蒂

帕奇西娅 · 奥奇拉
Patricia Urquiola

——

建筑师、设计师，1961—

几个世纪以来，印度北方邦的小村庄里的女人制作了大量带有精美刺绣的纺织品。这些纺织品都是女人放在膝头完成的小物件，而且囿于手工制作的速度，产品无法与大规模工业生产的廉价进口商品竞争。2013 年的一项草根计划项目将限制这些女手艺人的因素转化成了产品的生命线，通过组织手艺人队伍，并将产品分割成小型模块，让手艺人在统一管理下做各个模块的刺绣，然后再将绣好的小块织物缝合成地毯等家居用品，最后投入国际市场。这个项目让这些技艺精湛的女手艺人的生活重新焕发活力，也使濒临失传的手工艺得以复兴。这个项目是建筑师兼设计师帕奇西娅·奥奇拉与一家叫作甘的瓦伦西亚公司共同策划的，是她启动的众多具有社会价值的项目之一。奥奇拉出生于西班牙，目前定居在米兰。她说："我制造的是生存的工具。"经历了 2012 年意大利的埃米利亚大地震后，她通过积极参与投标，帮助意大利布德里大理石公司将碎裂的石板变成了精致的大理石镶嵌材料，实际上她创造的是帮助地震地区人民生存的工具。

这些项目不是要将奥奇拉宣传成可持续设计领域的明星，而是为了说明她为自己的设计理念提出的具体方法。2001 年建立自己的工作室后，奥奇拉获得了"共情能力强、思想开明、以人为本与合作至上"的名声。她启动的那些项目是连接过去与未来的桥梁，也将文化与数字科技的经验与开放式资源生产结合起来。眼下这个产业以贸易为驱动，执迷于新产品、标准化生产和专有的生产网络，奥奇拉却有能力在设计思维和生产中进行革新，证明自己通过作品也可以赢得尊重。她与设计师同行海拉·荣格里斯的看法相似，即设计产业已经失去了"将实用经济与文化意识及社会责任结合起来"的原初价值观。如同荣格里斯呼吁设计要使用更具整体性的方法一样，奥奇拉也挑战了产业中僵化的陈规旧律。"这不再是做一把椅子或桌子的问题……我们生活在复杂的社会中。只要我们理解了社会的复杂性，就会明白我们必须分享知识和方法，也会开始以可持续的方式思考。"

除了荣格里斯，奥奇拉也是少数在当代高端工业设计领域奠定了自己的地位的女性之一。作为家具品牌卡西纳的创意总监，她在家具、浴室套房、玻璃器皿、陶瓷、纺织品和照明等方面拥有丰富的设计经验。而现在，她又为酒店集团、时尚产品零售商和私人开发商设计了很多建筑作品，在这方面的经验已经开始与她在产品设计的经验相差无几。策展人宝拉·安东内利说："对于他们来说，奥奇拉是能保证他们稳操胜券的角色。她能抓住商机，是因为她能够制造商机。"

奥奇拉早年在西班牙学习，然后于 1989 年在米兰理工大学毕业，获得建筑学学士学位，之后进入设计界。奥奇拉说："在那个历史性的阶段，有一种职业间的融合。建筑系的教师或设计师也会教授设计课程。他们处理项目的方式大同小异。"当时有一些意大利设计界的大师来学校指导，其中阿切勒·卡斯蒂格利奥尼（Achille Castiglioni）向奥奇拉介绍了"生存工具"的概念——逐步培养对设计的好奇心，每天持续不断地发现、探索和解决问题。

毕业之后，她在米兰理工大学和巴黎国立高等工业设计学院（ENSCI）分别做过卡斯蒂格利奥尼和尤金里奥·贝提奈力（Eugenio Bettinelli）的助教，后来在意大利德·帕多华家具公司同维克·马吉斯特拉蒂（Vico Magistretti）合作。1996 年，她加入了皮埃尔·里梭尼（Piero Lissoni）的工作室，最终成为这个设计团队的领头人。后来，奥奇拉做了单身母亲，她犹豫着要不要创立一家公司。"我们是女人，我们有孩子，我以前从没想过会有自己的公司。"最终里梭尼鼓励她做出了决定。她当时意识到："成长的唯一方式是要铲除对自己的偏见，对于我来说，就是作为一个女人对自己的偏见。"

奥奇拉认为自己的性别是一种障碍，这与她成长阶段缺

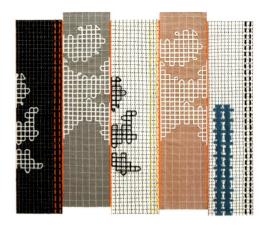

上图：班达斯项目的布料区，2013

对页：意大利米兰朱丽娅室友酒店的室内装饰，2016

下图：意大利埃米利亚大地震中受损的大理石残片做成的墙面装饰，2012

乏女性榜样有关，也与她自己对这个行业的成见有关。她提到的导师几乎全是男性，但在与她合作过的客户中，她最密切的盟友是由女性经营的莫罗索公司和德·帕多华家具公司。帕特里西亚·莫罗索（Patrizia Moroso）和已故的马特莱纳·德·帕多华（Maddalena De Padova）分别是各自同名家具品牌的创意总监，她们在创作中从不墨守成规，鼓励奥奇拉无视性别偏见，相信自己的直觉，坚持并置的设计方法。

奥奇拉设计中的并置对比方式，是通过她出人意料的材料和色彩组合表现出来的，并在熟悉的形式和未知的领域之间摇摆不定。2016 年，她与平面设计师费德里科·佩佩（Federico Pepe）合作，为斯巴奇奥·庞塔西奥地毯公司设计了彩色玻璃柜，将古老的教堂窗玻璃技术与现代美学和功能融于一体。她在 2008 年为意大利 B&B 公司设计的裙架椅（Crinoline Chair）则是将殖民主义风格的柳条椅与现代材料和富有表现力的图案融合。据奥奇拉说，出来的结果是"编码和语言的混合体"。对于一个母语是西班牙语，又能用意大利语、法语和英语与人游刃有余地交流的女性来说，这个描述再恰当不过。

她最独特的设计方式之一是通过对功能的重塑，打破对设计类型的僵化的规定。在 2014 年的一次公开展览中，美国公司海沃氏的一系列产品从一堆平平无奇的办公室家具中脱颖而出。这个系列包括一种可折叠靠背的椅子（当靠背折叠起来时，这种椅子还可以用作凳子或边桌），还有一种高背沙发（可以改造成小型私人工作空间）。2010 年，奥奇拉与设计师朱利奥·里多尔福（Giulio Ridolfo）同宝马、

科瓦德拉特、弗洛斯几家公司合作，为宝马 5 系的 GT 赛车重新做设计，以保证长距离驾驶的舒适性。这款概念车的名字叫"居住实验室"（The Dwelling Lab），它的内部为锥形，从内向外膨胀开，内部堆放了很多舒适、实用、适合家居生活的标志性装饰物品。虽然"居住实验室"只是重新审视传统的理论实验，但它反映了奥奇拉对创造以生活经历、记忆和感情为标志的项目的渴望。

奥奇拉在设计中的另一个永恒的主题是探寻时间的本质和角色的变化。无论是在生活中还是在设计过程中，她经常被描述成"一只眼能看到过去，一只眼能看到未来"。她在做卡西纳的创意总监时做的第一个系列产品借鉴了工业巨匠和前同事，如皮埃尔·里梭尼、康士坦丁·葛切奇（Konstantin Grcic）及已故的扎哈·哈迪德等人的新作品。这个系列名为"未来起源"（Origins of the Future），是对公司经典作品的致敬和重新演绎，是对品牌过去的反思，也是奥奇拉对公司历史演变的叙述。帕特里西亚·莫罗索在描述她们的工作关系时说："作为女人，和另一个女人合作时，你们之间会更有默契，有更多可以分享的东西。你们会走得更深。她是用灵魂在帮我做项目。"她们的合作——经历了千锤百炼的多年的搭档过程——也体现了奥奇拉对待项目的态度：不断地微调细节，以达到触及灵魂的完美效果。

伊尔泽·克劳福德（Ilse Crawford），这位在伦敦备受推崇的设计师最近将设计描述为"提升人性的工具"，他认为设计师只有通过提问和共情才能理解如何将自己的作品与人类的价值结合起来，创造出更好的建筑环境。这些想法不仅体现在克劳福德的作品中，也在奥奇拉等许多在传统中以男性为主导的工业设计界获得成功的女性作品中。显而易见的是，这些女性在获得了有影响力的地位的同时，也为后来的设计师（不分性别）树立了榜样，她们利用自身在业内的影响力，打破了 20 世纪建立的根深蒂固的褊狭文化。她们不是在为行业而设计，是在为人而设计。

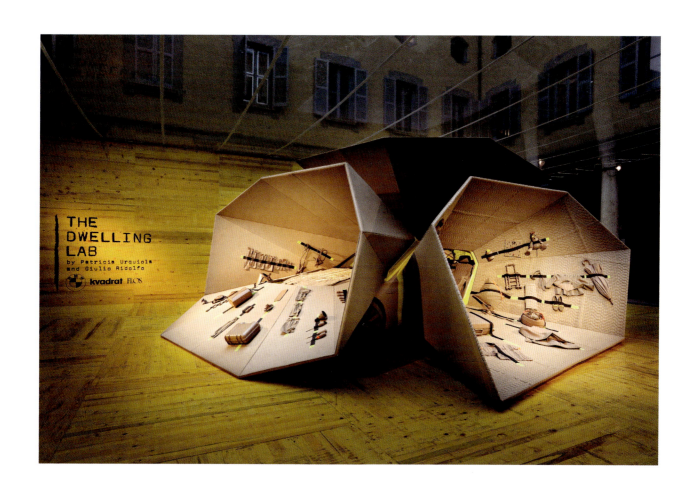

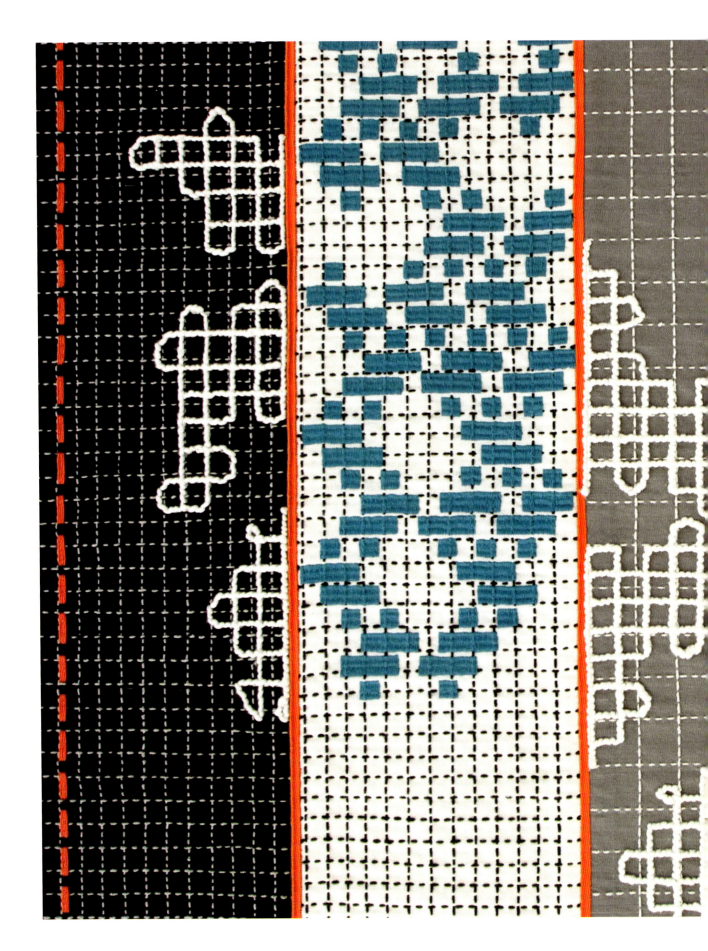

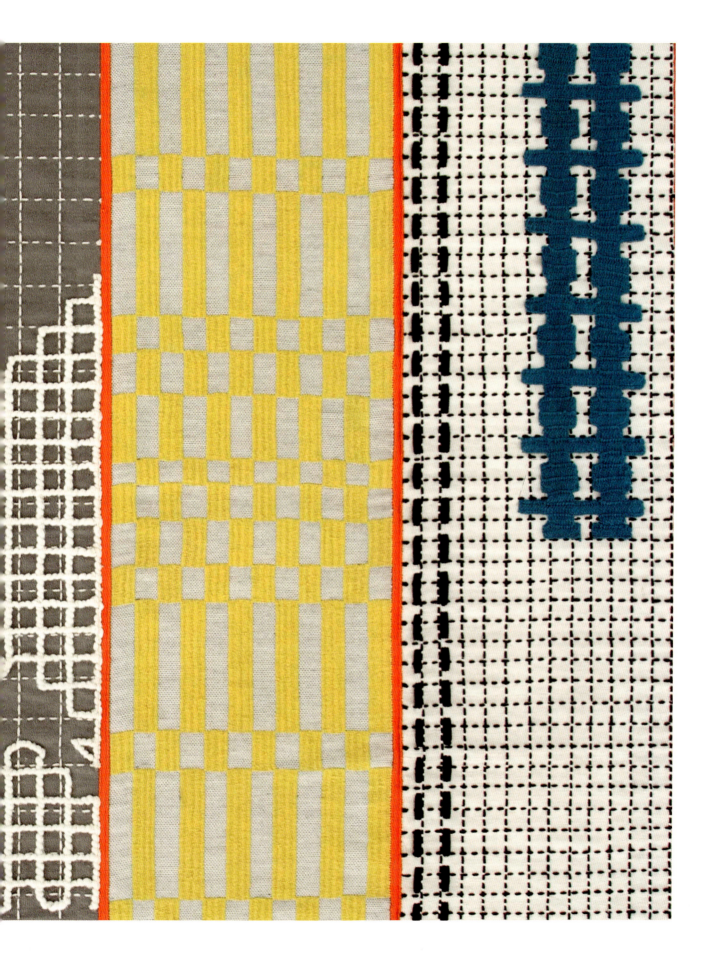

人名索引

当代女性先锋设计师

图片版权信息

致谢

设计，是我热爱的领域。我要向所有设计行业中的女性先锋和佼佼者表示感谢，感谢她们一路冲锋陷阵，克服了无数的困难，最终为女性能够从事设计工作铺平了道路。

我尤其要感谢弗朗西斯·林肯（Frances Lincoln）的全女性团队中的所有成员，是她们通过努力将一个想法变成了美丽的现实。感谢编辑安娜·沃森（Anna Watson）的远见卓识、耐心与敬业精神，感谢劳拉·尼克尔森（Laura Nicolson）在审校文稿时表现出的清晰的逻辑思维能力，还要感谢萨拉·阿尔伯里（Sarah Allberrey）优雅的版式设计。

非常感谢所有允许我使用图片的基金会、博物馆和个人。感谢那些慷慨付出时间回答我的问题的人，希望我准确地传达了他们的解答。还要感谢大英图书馆和英国国家艺术图书馆的工作人员，他们帮我找到了很多珍贵的资料。同时，我要对那些向我做过推荐的朋友和同事表示歉意——非常抱歉有一些你们推荐的女性设计师没有被收录在这本书中。还有最重要的帕特里克（Patrick），谢谢你对我的爱与支持。

——利比·塞勒斯